ADS
Nicola
Raschendorfer

Und wenn es das gar nicht gibt?

*Handlungsalternativen
und Strategien für den Alltag*

W0085258

Verlag an der Ruhr

Impressum

Titel: **ADS** – Und wenn es das gar nicht gibt?
Handlungsalternativen und Strategien für den Alltag
Autorin: Nicola Raschendorfer
Illustrationen: Bernhard Skopnik
Druck: Druckerei Uwe Nolte, Iserlohn

Verlag an der Ruhr
Postfach 10 22 51, D–45422 Mülheim an der Ruhr
Alexanderstraße 54, D–45472 Mülheim an der Ruhr
Tel. 02 08–439 54 50, Fax 02 08–439 54 39
E-Mail: info@verlagruhr.de – **www.verlagruhr.de**

Verlag an der Ruhr 2003
ISBN 3-86072-821-0

geeignet für | alle Altersstufen

Die Schreibweise der Texte folgt der reformierten Rechtschreibung.

Gedruckt auf chlorfrei gebleichtes Papier.

Inhalt

Was so klar und bewiesen scheint ...

Handlungsalternativen und Strategien für den Alltag

Liebe Leserin, lieber Leser!

Bitte stellen Sie sich einmal jene Kinder vor, die Sie im Unterricht und allgemein im schulischen Raum am meisten herausfordern. Bestimmt haben Sie sogleich einige Gesichter lebhaft vor Augen. Einige von diesen gelten vielleicht bereits als **ADS-Kinder**, d.h. bei ihnen wurde eine **A**ufmerksamkeits-**D**efizit-**S**törung (oder auch **S**yndrom) diagnostiziert. Sie zeigen Verhaltensweisen, die von **hoher Ablenkbarkeit** und/oder von **motorischer Unruhe** und Impulsivität geprägt sind. Sie bleiben nie lange auf ihrem Stuhl sitzen und wenn doch, dann wirkt es, als säßen sie in einem Ameisenhaufen. Sie haben große Schwierigkeiten, Aufgaben zu einem Abschluss zu bringen. Sie belagern und verteidigen einen so großen Teil der gemeinsamen Schulbank, dass es kaum ein anderes Kind neben ihnen aushält. Und das Schlimmste ist, sie rufen ständig rein, unterbrechen andere lauthals, während ihr eigener Redefluss nur mühsam zu stoppen ist. Dieses Buch soll Ihnen als Lehrkraft auf dem Weg zu sinnvollen Hilfen für diese Kinder ein Begleiter sein.

Was aber kann und muss man tatsächlich über ADS wissen? Das Angebot von Literatur zum Thema ADS wird immer breiter. Die Mehrzahl der Ratgeber vermitteln meiner Ansicht nach eine sehr einseitige Zugangsweise. **Störende Verhaltensweisen werden auf Ursachen festgelegt, die ausschließlich im Kind zu suchen sind.** Dabei wird häufig von eindimensionalen und in eine starre Richtung verlaufenden Ursache-Wirkungs-Ketten ausgegangen. In ein **medizinisches Erklärungsmodell** passt sich dann die medikamentöse Behandlung von Kindern, die störende Verhaltensweisen zeigen, nahtlos ein.

Langsam werden Stimmen laut, die versuchen, auf die Ecken, Lücken und Ungereimtheiten des medizinischen Modells ADS aufmerksam zu machen. Damit geht auch eine Erweiterung des Blickes für die Ursachen und den Sinn der gezeigten Verhaltensweisen einher. Auch darf nicht übersehen werden, dass die Anwendung eines medizinischen Ursachenmodells durchaus gesellschaftliche Funktionen erfüllt: **Sie bietet für alle Personen und Institutionen, die mit Kindern umgehen, eine scheinbar annehmbare Antwort auf die Frage: Wer ist schuld am Verhalten der Kinder?**

Alle Personen, die einen Erziehungsauftrag haben, können dem Problem, dass sich das Verhalten des Kindes durch pädagogisches Handeln nicht ändert, mit dem Krankheitsmodell ADS eine gesellschaftlich anerkannte Erklärung entgegensetzen. Das Krankheitskonzept beinhaltet gleichzeitig einen Behandlungsappell. Dieser wiederum legitimiert das Eingreifen helfender Berufe (Ärzte, Psychologen, Pädagogen).

Dadurch, dass die Ursache des Verhaltens allein im Kind oder gar in seinem Gehirn vermutet wird, erscheint es unnötig, nach möglichen Ursachen in sozialen Systemen zu suchen. Größere Strukturen (auch die Organisation von Schule) werden weniger hinterfragt und allzu oft unhinterfragt erhalten. **Das Krankheitsmodell ADS verleitet damit tendenziell zu konservativen Lösungen sozialer Konflikte, die das bestehende System etwa von Schule unangetastet lassen.** Die Notwendigkeit zu strukturellen Veränderungen wird so möglicherweise nicht erkannt, da sie über die therapeutische Anpassung der Kinder an das bestehende System verdeckt wurde.

Diese Fixierung auf das einzelne Kind, das störendes Verhalten zeigt, ist für mich ein wesentlicher Kritikpunkt am Krankheitsmodell ADS. Auf den ersten Blick scheint dieser Aspekt sehr abstrakt. Man könnte sich leicht fragen: Was nutzt mir nun die Einsicht, dass die Probleme, die ein Kind hat, Indikator für Missstände im sozialen System sind, wenn mir gerade dieses individuelle Kind täglich meine Ratlosigkeit vor Augen führt, mich verunsichert, wütend und gleichzeitig traurig macht?

Schauen wir uns die andere Seite an: Das ADS-Konzept grenzt auf scheinbar erleichternde Art und Weise das Spektrum ein, in dem nach den Ursachen für das störende Verhalten eines Kindes gesucht werden muss. In gleichem Maße verringert sich mit

der ausschließlichen Anwendung des medizinischen
ADS-Konzepts aber auch die Breite möglicher Handlungsalternativen. Dies kann so weit gehen, dass
medikamentöse Intervention als die einzig vernünftige
und angemessene erscheint. Welcher Stellenwert
kommt hier pädagogischem Handeln noch zu?
Ist es tatsächlich die Hauptaufgabe von Pädagogen,
die Eltern an den Arzt zu „überweisen" und nach der
Diagnose gegebenenfalls die regelmäßige Einnahme
der Medikamentendosis zu kontrollieren? Sicher nicht!

Die Notwendigkeit zu handeln bleibt. Damit steht das medizinische ADS-Konzept
in gewisser Weise im Konflikt mit pädagogischem Handeln. Wenn wir glauben,
nur auf eine einzige mögliche Art (z.B. mit Tabletten, denn das Kind hat ein ADS)
auf Verhalten reagieren zu können, liegt das Problem weniger im Kind als vielmehr
bei uns, die wir es durch pädagogisches Handeln beeinflussen wollen. **Mit dem
ausschließlichen Bezug auf medizinische Lösungen für pädagogische Probleme (und die Beziehung von Lehrern zu Schülern ist immer eine pädagogische)
stellen sich pädagogische Herangehensweisen ins Abseits.**

Ziel dieses Buches ist es darum, zunächst kritisch über das Krankheitsmodell ADS
zu informieren und damit an einigen scheinbar bewiesenen oder zumindest gängigen
Grundpfeilern des medizinischen Modells zu rütteln. Anschließend werden **konkrete
Handlungsalternativen** vorgestellt, wie Lehrkräfte an Probleme mit herausfordernden Kindern während und außerhalb des Unterrichts herangehen können. Dabei
sollen die verschiedenen Handlungsideen immer auch mit Hilfe von **Falldarstellungen und Situationsbeschreibungen** erklärt werden. Dies ist notwendig, da konkrete
Vorgehensweisen immer an der speziellen Situation und Persönlichkeit eines Kindes
orientiert sein müssen. So können diese Falldarstellungen nur als Beispiele dienen.

Der Einsatz von Medikamenten wird nicht prinzipiell verurteilt. In einzelnen Fällen,
deren Zahl ich wesentlich geringer einschätze als es die momentane Praxis vermuten
lässt, können Medikamente hilfreich sein. **Es wird in diesem Buch jedoch die
Position vertreten, dass eine medikamentöse Behandlung von Verhaltens-**

problemen immer mit Bemühungen einhergehen muss, gemeinsam mit dem Kind alternative Verhaltenskonzepte zu entwickeln. Eine positive Verhaltensänderung, die unabhängig von Medikamenten dauerhaft erhalten bleiben soll, kann erst stattfinden, wenn das Kind positive Erfahrung mit neuen Verhaltensweisen gemacht hat. **Das Kind muss dabei unterstützt werden, neue Handlungsalternativen in das Repertoire des alltäglichen Handelns aufzunehmen.** Dies ist eine Aufgabe, der sich alle Pädagogen, die mit Kindern arbeiten, stellen. Dabei bewegen sie sich immer in einem Spannungsfeld, das auf der einen Seite schnelles Handeln in konkreten Situationen erfordert. Auf der anderen Seite ist die Reflexion pädagogischer Situationen unerlässlich, um sie verstehen zu können und damit auch zu einem tieferen Verständnis für das Kind zu gelangen. Schmal ist der Grat zwischen Verstehen-wollen und Handeln-müssen.

Ich möchte ausdrücklich vor der Verabsolutierung bestimmter Maßnahmen warnen. Das würde wieder bedeuten, ein genaues Betrachten der Situation einzugrenzen und zu früh zu aktionistischen Handlungen überzugehen. Vielmehr soll dies ein Aufruf sein, genau hinzusehen und nachzufragen, welche Faktoren störendes Verhalten im Unterricht bedingen und beeinflussen. Hierbei soll Sie das vorliegende Buch unterstützen, indem es anhand konkreter Situationen zeigt, durch welchen Prozess in verschiedenen Einzelfällen sinnvolle Hilfen entwickelt werden können.

Nicola Raschendorfer

Nicola Raschendorfer

Allgemeines zur Schreibweise:

Aus Gründen der besseren Lesbarkeit haben wir in diesem Buch in der Regel die männliche Form verwendet. Natürlich sind damit auch immer Frauen und Mädchen gemeint.

WAS SO KLAR UND BEWIESEN SCHEINT ...

Die Grundpfeiler des medizinischen Modells ADS und warum an ihnen zu rütteln ist

Im folgenden Kapitel möchte ich Ihnen zunächst das **medizinische Modell ADS** *vorstellen. Wie sehen dessen Grundlagen eigentlich aus? Ich habe hierzu in den Überschriften die Grundpfeiler thesenhaft formuliert, um sie dann kritisch zu beleuchten. Nur vor diesem fachlichen Hintergrund können wir den Aspekt der medikamentösen Therapie richtig einschätzen und uns gegebenenfalls auf die Suche nach möglichen Handlungsalternativen machen.*

Grundpfeiler

„Das Verhalten von ADS-Kindern ist auf eine Stoffwechselstörung im Gehirn zurückzuführen."

Wissenschaftler sind äußerst bemüht, eine organische Ursache für ADS-typisches Verhalten zu finden. Sie vermuten den Ursprung von hoher Ablenkbarkeit, motorischer Unruhe und Impulsivität in der Physiologie des Kindes. Ihr Blick richtet sich insbesondere auf das Gehirn. Dort werden alle Reize, die über die Sinnesorgane aufgenommen werden, verarbeitet. Ständig werden von Augen, Ohren, Nase, Haut, Zunge und Muskeln Informationen an das Gehirn weitergegeben. Es müssen nun aus dieser riesigen Informationsflut die wichtigsten Reize herausgefiltert und Reaktionen darauf eingeleitet werden. Einen wesentlichen Anteil an der Weiterleitung von Reizen haben die Neurotransmitter. Sie sind für die Übergabe von Informationen von einem Nerv auf einen anderen zuständig. Aufgrund dieser Leitungsfunktion werden sie auch als **Botenstoffe** bezeichnet. Dem Gehirn stehen mehrere Neurotransmittersysteme zur Verfügung, die nicht zufällig verstreut, sondern jeweils in bestimmten Hirnregionen vorkommen. Im Zusammenhang mit dem ADS werden am häufigsten **Dopamin** und **Noradrenalin** genannt.

Zur Erklärung des ADS wurden verschiedene Modelle entwickelt. Eines dieser Modelle besagt, dass in bestimmten Gehirnbereichen ein **Mangel an Dopamin** besteht und Nervenzellen, die mit diesem Botenstoff arbeiten, Reize deshalb nicht weiterleiten können, obwohl sie selbst intakt sind. Andere Wissenschaftler vermuten weniger einen generellen Mangel eines Botenstoffes, sondern eher eine **Fehlfunk-**

tion des Transport-Systems. Das könnte z.B. eine verminderte Dopamin-Ausschüttung bei eigentlich ausreichendem Vorhandensein des Stoffes sein. Eine mögliche andere Fehlfunktion wird darin gesehen, dass das Dopamin von der Stelle, die es ausgeschüttet hat, zu schnell wieder zurückgenommen wird und Reize so nicht angemessen weitergeleitet werden können. In der gängigen Literatur werden die verschiedenen Modelle oft miteinander verknüpft. Ein Konsens besteht jedoch nicht. Dennoch wird jede Hypothese, auf die Bezug genommen wird – welche auch immer – als bereits bewiesen dargestellt. [1]

Was die Ursache der Auffälligkeiten im Gehirn der Kinder betrifft, so wird auf zwei Faktoren verwiesen. Zum einen ist dies die **genetische Disposition**. Dabei wird davon ausgegangen, dass die Veränderung einer oder mehrerer Gene zu den speziellen **Veränderungen im Stoffwechsel des Gehirns** führen. Dieser „Genverdacht" [2] wurde aus Studien abgeleitet, die zeigten, dass oft mehrere Familienmitglieder ADS-typische Verhaltensweisen aufwiesen. Der amerikanische Psychiater, Neurologe und ADS-Forscher *Russel A. Barkley* geht davon aus, dass das Auftreten eines ADS zu 80 % genetisch bedingt sei [3]. Als zweite Ursache für die Entstehung ADS-typischer Verhaltensauffälligkeiten, ziehen einige Autoren **Schädigungen des Gehirns vor oder während der Geburt** in Betracht. Dies trifft aber nach *Barkley* nur für eine kleinere Gruppe der ADS-Kinder zu [4].

All diesen Erklärungsansätzen ist gemeinsam, dass die Ursachen zunächst einmal als unveränderbar gelten. Eine wirkliche Heilung der Krankheit ist demnach unmöglich. Die Kinder sind und bleiben krank, auch wenn sie ihr Verhalten im Verlauf ihrer Entwicklung gut in den Griff bekommen. Keine guten Aussichten für die betroffenen Kinder.

Welchen Einfluss diese Erkenntnis für ihr Selbstbild hat, ist unklar. In der Literatur konnte ich hierzu keine Hinweise finden. Aber es scheint nicht abwegig, dass die Vorstellung krank zu sein, **Einfluss auf das eigene Selbstbild** hat. Möglicherweise geht sie mit einer **tief greifenden Kränkung** einher. Dies wird jedoch nicht als Problem erkannt. Die Vorteile, die das Krankheitskonzept des ADS bietet, scheinen enorm zu sein. Im folgenden Abschnitt sollen jedoch zunächst einige kritische

---

[1] vgl. F. Dietz, 1999, S. 89; auch C. Neuhaus, 1999, S. 47ff.
[2] R.A. Barkley, 1999, S. 32
[3] R.A. Barkley, 1999, S. 32
[4] ebenda

Anmerkungen zur Hypothese der Stoffwechselstörung gemacht werden. Ein **Zusam-menhang von Neurobiologie und Verhalten** gilt als unbestritten. Das Handeln einer Person steht also in einer engen Beziehung zu seiner Gehirnstruktur, aber es ist noch ungeklärt, wie genau die beteiligten Größen zusammenspielen.

In der Regel geht man davon aus, dass Stoffwechselstörungen in bestimmten Hirn-regionen das auffällige Verhalten der Kinder verursachen – das Krankheitsbild ADS ist gegeben. Eine Ursache-Wirkungs-Beziehung ähnlich einer Einbahnstraße wird hergestellt. Danach führt eine bestimmte Ursache zwingend zu immer gleichen Wir-kungen. *Hans Gerhard Braun* vom Bundesverband Aufmerksamkeitsstörung/Hyper-aktivität drückte diesen vorgestellten Automatismus so aus: *„Zwangsläufig führt das fehlerhafte Informationsmanagement zu nicht situationsadäquatem Verhalten der Betroffenen und erklärt auch die ausgeprägte Impulsivität mit extremen Stimmungs-schwankungen."*[5] Mit neuen, computergesteuerten, bildgebenden Verfahren kann die Hirnaktivität dargestellt werden. Besonderheiten, die sich hier bei Kindern mit störendem Verhalten zeigen, werden als Beleg für die These der neurobiologischen Verursachung herangezogen. Zugespitzt führt diese Annahme zu Aussagen wie jener, die ein Arzt auf einer Veranstaltung der größten amerikanischen ADS-Selbsthilfe-organisation CHADD machte: *„Biologisch gesehen lieben es diese Kinder, angebrüllt zu werden."*[6]

In gewisser Weise bleibt diese Vorstellung hinter den neuen Erkenntnissen der mo-dernen Hirnforschung zurück. **Man geht heute davon aus, dass das Gehirn und insbesondere das kindliche Gehirn keine starr fixierte Struktur besitzt.** Viel-mehr ist eine erfahrungs- bzw. nutzungsabhängige Plastizität gegeben. Diese ist bei Kindern noch enorm groß. Der amerikanische Trauma-Forscher *Bruce D. Perry* und seine Kollegen konnten nachweisen, dass traumatische Erfahrungen Niederschlag in der Hirnstruktur von Kindern finden.[7]

Auf die Übertragbarkeit dieser Erkenntnisse auf das ADS machte insbesondere der Göttinger Neurobiologe *Gerald Hüther* aufmerksam.[8] Nach seiner Theorie ist die Struktur des Gehirns abhängig von der Art und Weise, wie es genutzt wird. Der Zu-sammenhang zwischen Gehirn und Verhalten ist danach nicht nur so zu verstehen, dass das Gehirn das Verhalten steuert. Vielmehr beeinflussen die Erfahrungen eines

---

[5] H.G. Braun, Internetausdruck vom 15.4.2002
[6] Zitat nach: L.H. Diller, 1999, S. 102 (Biologically, these kids love to be yelled at.)
[7] B.D. Perry et al., 1998, S. 277ff.
[8] W. Hüther, 2002; vgl. auch L.H. Diller, 1999, S. 119

Und wenn es das gar nicht gibt?

14

Menschen auch dessen Gehirn. **Es ist demnach gut denkbar, dass bestimmte typische Verhaltensweisen von Kindern zur Ausbildung besonderer Hirnstrukturen führen.** Diese veränderten Strukturen können über neue Techniken sichtbar gemacht werden. Eine Aussage darüber, wie es zu dem gezeigten Verhalten kommt, ist damit noch nicht gemacht.

Diese Annahme hat jedoch einen besonderen Wert für die Therapie. **Es kommt dann nämlich besonders darauf an, dass das Kind andere Handlungsweisen lernt und sie anwendet.** Dadurch können neue Hirnstrukturen gebildet werden. Das trübe Bild vom **ADS als unheilbare Krankheit** muss nicht mehr gemalt werden.

Die derzeitige Diskussion um die Ursachen ADS-typischer Verhaltensweisen ist indes zu polarisierend und der hartnäckig ausgetragene Streit, ob ausschließlich physiologische oder ausschließlich psychologische Faktoren ausschlaggebend sind, könnte beigelegt werden.

Ein anderer Kritikpunkt setzt an der Behauptung an, dass bestimmte Auffälligkeiten im Gehirn zwangsläufig zu typischen Verhaltensweisen führen. Um diesen Kritikpunkt verständlich darzustellen, muss ich in der Begriffsgeschichte des ADS ca. 40 Jahre zurückgehen. Schon damals wurden kindliche Verhaltensauffälligkeiten wie gesteigerter Bewegungsdrang, kurzes Konzentrationsvermögen und hohe Impulsivität auf Funktionsstörungen im Gehirn zurückgeführt.

Die Bezeichnung der 60er-Jahre lautete **MCD (M**inimale **C**erebrale **D**ysfunktion). Eine Arbeitsgruppe um die klinischen Psychologen *Günter Esser, Manfred Laucht* und *Martin H. Schmidt* untersuchte in den 80er-Jahren den tatsächlichen Zusammenhang von Hirnfunktionsstörungen und psychiatrischen Auffälligkeiten im Verhalten. Sie kamen zu dem Ergebnis, dass ca. 75 % der Kinder, bei denen eine Hirnfunktionsstörung nachgewiesen werden konnte, in ihrem Verhalten unauffällig waren. Einem Großteil der Kinder gelingt es also, Auffälligkeiten in der Hirnstruktur auszugleichen. Bei 80 % der Kinder, die psychiatrisch auffällig waren, konnte keine Hirnfunktionsstörung nachgewiesen werden. **Der Zusammenhang zwischen Hirnfunktionsstörung und Verhaltensauffälligkeiten ist äußerst gering.** Nur bei 3,3 % der Kinder konnte eine Kombination von Auffälligkeiten in der Hirnfunktion und im Verhalten nachgewiesen werden[9]. Die Schlüsse, die sich daraus ergeben, lassen sich

---

[9] *Laucht u.a. 1986, zitiert in: H. Amft, 2002, S. 49*

auch auf die Symptomatik des ADS anwenden. *Hartmut Amft* fasst sie in seinem Text *„Die ADS-Problematik aus der Perspektive einer kritischen Medizin"* sehr deutlich zusammen. Ich möchte ihn an dieser Stelle etwas ausführlicher zitieren:

1. ▶▶ Es gibt Kinder mit **ZNS**-bedingten Aufmerksamkeitsproblemen (ZNS steht für **Z**entra**ln**ervensystem, also Gehirn und Rückenmark).

2. ▶▶ Ein Rückschluss von Aufmerksamkeitsproblemen auf deren Ursache ist unzulässig.

3. ▶▶ Nur wenn eine cerebrale Dysfunktion (Hirnfunktionsstörung) objektiv nachgewiesen werden kann, ist die Bildung einer kausalen Hypothese zwischen cerebraler Dysfunktion und Aufmerksamkeitsproblemen zulässig. Alles andere ist Spekulation.

4. ▶▶ Cerebrale Dysfunktionen führen nicht zwangsläufig zu Verhaltens- und Entwicklungsproblemen. Im Gegenteil: Ca. 75 % der Kinder mit nachweislicher cerebraler Dysfunktion weisen psychiatrisch keine Auffälligkeiten auf.

5. ▶▶ Normal ist, dass Kinder leichte cerebrale Dysfunktionen gut kompensieren können. Nur ca. 25 % der Kinder mit nachweislicher cerebraler Dysfunktion weisen psychiatrische Auffälligkeiten auf, wobei dies im Einzelfall einen kausalen Zusammenhang noch nicht begründet, weil diese Störungen auch andere Ursachen besitzen können.

6. ▶▶ Zu fragen ist vielmehr, ob nicht in erster Linie psychosoziale Faktoren als ursächlich dafür angesehen werden müssen, dass es einem kleinen Teil der Kinder nicht gelingt, ihre cerebrale Dysfunktion zu kompensieren.

7. ▶▶ Wird bei einem Kind mit Aufmerksamkeitsproblemen eine cerebrale Dysfunktion objektiv nachgewiesen, so beweist dies noch nicht eine Kausalität zwischen cerebraler Dysfunktion und Aufmerksamkeitsproblemen. Denn diese Aufmerksamkeitsprobleme können auf anderen Ursachen basieren. [10]

Die These, dass das Verhalten von ADS-Kindern ausschließlich auf eine Stoffwechselstörung im Gehirn zurückzuführen ist, muss also zurückgewiesen werden. Die Frage nach dem genauen Zusammenhang von Hirnstruktur und Verhalten kann bis heute keineswegs als geklärt gelten.

[10] H. Amft, in: H. Amft u.a., 2002, S. 51, Hervorhebungen im Original

Und wenn es das gar nicht gibt? ADS **16**

Grundpfeiler

„ADS ist durch Tests nachweisbar."

Die Forderung, ein Kind auf ADS untersuchen zu lassen, basiert oft auf der Annahme, ADS könne mit einem einzigen Test eindeutig nachgewiesen werden. **Diesen „ADS-Test" gibt es jedoch nicht.** Die Frage ist also: Wie wird ein Kind, das bestimmte Verhaltensweisen zeigt, zu einem „ADS-Kind"?

Viele Ärzte und Psychologen greifen zur Diagnose von ADS auf das Klassifikationssystem ICD-10 (Internationale statistische Klassifikation der Krankheiten und verwandter Gesundheitsprobleme) der Weltgesundheitsorganisation zurück. Noch häufiger wird das **DSM** (**D**iagnostisches und **s**tatistisches **M**anual psychischer Störungen) zur Diagnose herangezogen. Es wird von der American Psychiatric Association herausgegeben und liegt derzeit in der vierten Auflage vor.

Da es laut DSM-IV keine etablierten Laboruntersuchungen oder spezifischen körperlichen Merkmale gibt, anhand derer ein ADS diagnostiziert werden könnte [11], basiert die Diagnose allein auf der Feststellung bestimmter Verhaltensmerkmale.

Im DSM-IV werden unter der Überschrift Aufmerksamkeitsdefizit-/Hyperaktivitätsstörung den drei Teilbereichen Unaufmerksamkeit, Hyperaktivität und Impulsivität verschiedene Verhaltensmerkmale zugeordnet:

> Zur **Unaufmerksamkeit** gehört, dass das Kind

⊗ häufig Einzelheiten nicht beachtet oder Flüchtigkeitsfehler
   bei den Schularbeiten, bei der Arbeit oder bei anderen Tätigkeiten macht,

⊗ oft Schwierigkeiten hat, längere Zeit die Aufmerksamkeit
   bei Aufgaben oder beim Spielen aufrechtzuerhalten,

⊗ häufig nicht zuzuhören scheint, wenn andere es ansprechen,

⊗ häufig Anweisungen anderer nicht vollständig durchführt
   und Schularbeiten, andere Arbeiten oder Pflichten
   am Arbeitsplatz nicht zu Ende bringen kann,

⊗ häufig Schwierigkeiten hat, Aufgaben und Aktivitäten zu organisieren,

---

[11] *DSM-IV, S. 115*

ⓧ sich häufig nur widerwillig mit Aufgaben, die länger andauernde geistige Anstrengungen erfordern (wie Mitarbeit im Unterricht oder Hausaufgaben), beschäftigt, sie häufig vermeidet oder eine Abneigung dagegen hat,

ⓧ häufig Gegenstände verliert, die für Aufgaben oder Aktivitäten benötigt werden (z.b. Spielsachen, Hausaufgabenhefte, Stifte, Bücher oder Werkzeug),

ⓧ sich oft leicht durch äußere Reize ablenken lässt,

ⓧ bei Alltagstätigkeiten häufig vergesslich ist.

Merkmale der **Hyperaktivität** sind, dass das Kind

ⓧ häufig mit Händen oder Füßen zappelt oder auf dem Stuhl herumrutscht,

ⓧ in der Klasse oder in anderen Situationen, in denen Sitzenbleiben erwartet wird, häufig aufsteht,

ⓧ häufig exzessiv in Situationen herumläuft oder klettert, in denen dies unpassend ist (bei Jugendlichen oder Erwachsenen kann dies auf ein subjektives Unruhegefühl beschränkt bleiben),

ⓧ häufig Schwierigkeiten hat, ruhig zu spielen oder sich mit Freizeitaktivitäten ruhig zu beschäftigen,

ⓧ häufig „auf Achse" ist oder oftmals handelt, als wäre es „getrieben",

ⓧ häufig übermäßig viel redet.

Die **Impulsivität** wird mit der Hyperaktivität zu einem Punkt zusammengefasst. Dazu zählt, dass das Kind

ⓧ häufig mit den Antworten herausplatzt, bevor die Frage zu Ende gestellt ist,

ⓧ nur schwer warten kann, bis er/sie an der Reihe ist,

ⓧ andere häufig unterbricht und stört (z.B. in Gesprächen oder in Spiele anderer hineinplatzt). [12]

Nach dem DSM müssen zur Rechtfertigung der Diagnose ADS noch **vier weitere Kriterien** erfüllt sein. Dazu gehört z.B., dass einige der oben genannten Verhaltensweisen bereits **vor dem siebten Lebensjahr** aufgetreten sein müssen oder dass sie **in mindestens zwei Lebensbereichen** (z.B. zu Hause und in der Schule) vorkom-

[12] *DSM-IV, S. 122*

men. **Dennoch wird die oben dargestellte Liste in der Praxis häufig als Fragebogen missverstanden, auf dessen alleiniger Grundlage eine Diagnose zu stellen ist.** Den drei eingrenzenden Kriterien wird oft nicht ausreichend nachgegangen. Dazu müssten vom Diagnostiker eigentlich **Verhaltensbeobachtungen in verschiedenen Lebensbereichen** des Kindes durchgeführt werden.[13] Ich selbst habe leider bei keinem einzigen Kind, das die Diagnose ADS erhielt, von einer Diagnostik erfahren, die diesem Anspruch gerecht geworden wäre. In der Praxis macht man es sich mit der Diagnosestellung oft einfacher. Können mindestens sechs Merkmale aus dem Bereich Aufmerksamkeit oder sechs Merkmale aus dem Bereich Hyperaktivität/Impulsivität als typisch für das Verhalten des Kindes identifiziert werden, gilt die Diagnose ADS in vielen Fällen als gerechtfertigt.

Kinder, die insbesondere Merkmale aus dem Bereich der Hyperaktivität/Impulsivität zeigen, bekommen häufig die Diagnose **ADHS**. Das „H" steht dabei für Hyperaktivität. Die Bezeichnung nach dem DSM-IV lautet eigentlich „**Aufmerksamkeitsdefizit-/Hyperaktivitätsstörung, Vorwiegend Hyperaktiv-Impulsiver Typus**". Dem entsprechend gibt es auch den „**Vorwiegend Unaufmerksamen Typus**" sowie den „**Mischtypus**". Letzterer zeigt mindestens je sechs Verhaltensmerkmale aus beiden Bereichen.

Bei einer Diagnose, die sich ausschließlich an diesem einen Kriterium des DSM orientiert, wird außerdem häufig vergessen, dass diese vor allem für die Forschung entwickelt wurden. Eigentliches Ziel war es, eine Basis zu schaffen, auf der Studien zum ADS aufbauen können.[14] **Für eine Diagnostik, die nicht als Grundlage der Erforschung des ADS, sondern der Förderung des Kindes dienen soll, reicht ein reines Abhaken der Kriterien meiner Meinung nach keineswegs aus.** Die Formulierung der Kriterien ist durchweg relativ vage. Es ist nicht festgelegt, wie viel „häufig" tatsächlich bedeutet, wenn davon die Rede ist, dass ein Kind häufig Gegenstände verliert, wenn es häufig Schwierigkeiten hat, ruhig zu spielen oder wenn es häufig auf Achse ist oder handelt, als wenn es getrieben wäre. Den Befragten bleibt nichts anderes übrig, als nach ihrem **subjektiven Empfinden** zu antworten. Es muss also immer im Blick bleiben, wer entscheidet, ob ein Kriterium bei einem Kind gegeben ist oder nicht. Meist sind das die Eltern, manchmal zusätzlich

---

[13] vgl. auch D. Krowatschek u.a., 2002, S. 18
[14] vgl. L.H. Diller, 1999, S. 56 ff.

Was so klar und bewiesen scheint ...

Lehrer. Wie unterschiedlich selbst die Beurteilung durch pädagogische Fachkräfte ist, zeigte eine Studie von *Bob Reid* und *Stan Vasa*. Sie stellten fest, dass Sonderpädagogen ADS-typisches Verhalten eher tolerieren als Lehrer regulärer Klassen. Lehrer berichten wiederum über ein geringeres Maß an Verhaltensproblemen als Mütter. Mütter, die selbst psychische Probleme haben, nennen mehr als Mütter, die psychisch stabiler sind. [15] Dennoch werden zur Diagnose des ADS häufig Fragebögen eingesetzt, die sich ausschließlich an den oben genannten Kriterien des DSM orientieren.

Die Ergebnisse, die über diese Fragebögen erzielt werden, beschreiben wohl weniger das tatsächliche Verhalten des Kindes als vielmehr den Belastungsgrad derjenigen Personen, die es beurteilen. Dennoch führt die subjektive Beantwortung zu interpretierender Fragen zu einer **Alles-oder-nichts-Diagnose**: *ADS: ja oder nein?*

Wie begrenzt der Wert einer solchen Diagnose sein muss, wird deutlich, wenn man sich die folgende Frage stellt: **Was kann eigentlich so grundsätzlich anders sein an einem Kind, das sechs Merkmale zeigt („ADS-positiv") im Vergleich zu einem anderen, das lediglich fünf zeigt („ADS-negativ").** Ist bei fünf erfüllten Merkmalen tatsächlich eine grundsätzlich andere Herangehensweise nötig als bei sechs erfüllten Merkmalen?

Mit einer Diagnose, die allein auf der Bejahung oder Verneinung von bestimmten Verhaltensmerkmalen basiert, ist man also keinen Schritt weiter, wenn man zum Ziel hat, das Verhalten der Kinder zu verstehen. Es besteht die große Gefahr, dass eingeleitete Hilfen nur programmatisch sein können, etwa in Form von Medikamentengabe. Die Besonderheiten in jedem Einzelfall gehen allzu leicht verloren.

Solche Formen der Diagnose werden in der Literatur – auch wenn sie in der Praxis durchaus üblich sind – als unzureichend beurteilt. Als unabdingbar für die Diagnose

---

[15] *alle Studien zitiert in: L.H. Diller, 1999, S. 195 f.*

besonderer Konzentrationsprobleme sollte eine ausführliche Verhaltensbeobachtung sein. Einige Autoren verweisen hier darauf, dass die Beobachtung des kindlichen Verhaltens während der verschiedenen anderen Testverfahren aufschlussreich ist. [16] Besonders sinnvoll ist es, das Kind in jenen Situationen zu beobachten, in denen das problematische Verhalten auch auftritt.

Das kann etwa während des Unterrichts oder bei den Hausaufgaben sein. Sicherlich können alle Kinder sich über einen gewissen Zeitraum zurücknehmen, sodass sie kaum auffälliges Verhalten zeigen.

Der Beobachtungszeitraum darf insbesondere bei älteren Kindern nicht zu kurz sein. **Die Verhaltensbeobachtung im alltäglichen Umfeld ist sehr aufwändig. Sie sollte dennoch ein Baustein jedes Diagnoseprozesses sein.** Der große Nutzen liegt insbesondere in der Möglichkeit, wesentliche Hinweise für konkrete Interventionen zu gewinnen. Diese kann die beobachtende Person an Eltern oder Lehrer weitergeben.

Laut *Cordula Neuhaus*, einer Pionierin auf dem Gebiet der ADS-Therapie, ist das Ziel der ausführlichen Diagnose, herauszufinden, ob das Verhalten durch ein ADS hervorgerufen wird oder nicht? Wird dies bejaht, so ist laut *Neuhaus* den Eltern gegenüber zu betonen, dass das ADS niemals durch Erziehungsfehler verursacht ist, es aber auch mit keiner Therapiemethode der Welt heilbar oder zu „besiegen" ist. **Therapieziel sei es, das Kind im Umgang mit sich selbst kompetent zu machen und die erziehende Umgebung im Umgang mit dem Kind kompetent zu machen.** Wie bedenklich die Wirkung der Diagnosestellung selbst ist, zeigt sich ebenfalls in den Empfehlungen von *Cordula Neuhaus*. Auf die Frage: *„Wie erzähle ich dem Kind, was mit ihm los ist?"* empfiehlt sie, Metaphern wie *„Dein Gehirn arbeitet gut, aber es ist ein bisschen kurzsichtig"* oder *„Der Arbeitsspeicher in deinem Gehirncomputer ist so groß, dass immer wieder etwas herausfällt, bevor es auf der Festplatte ist"* (zu groß = gut für Kinder) zu verwenden. [17]

Das Bild, das dahinter steht, sieht düster aus: Die Kinder leiden unheilbar an etwas, mit dem man sie nicht offen konfrontieren darf, das man ihnen so schonend wie möglich beibringen muss.

[16] vgl. u.a. C. Neuhaus, 1999, S. 81
[17] vgl. auch C. Neuhaus, 1997, S. 129

Was so klar und bewiesen scheint ...

Es entsteht die Frage, warum der Umweg über die Etikettierung des Kindes mit einem Krankheitsbegriff überhaupt notwendig ist. Muss ein Kind als krank bezeichnet werden, um es im Umgang mit sich selbst kompetent zu machen? Welche neuen Herangehensweisen eröffnet der Krankheitsbegriff? Als einzige Lösung kommt der Zugang zur medizinischen Behandlung in den Sinn. Pädagogische Handlungsmöglichkeiten lassen sich daraus jedoch nicht ableiten. **Darum ist es meiner Ansicht nach wichtig, ADS als beschreibenden und nicht als erklärenden Begriff zu verstehen.** ADS bedeutet, dass ein Kind sich unaufmerksam, manchmal auch hyperaktiv und impulsiv zeigt. Das sind Verhaltensweisen, die sozial unerwünscht sind. Eine Erklärung, warum es sich so verhält, ist damit noch nicht gegeben. Nach ihr muss weiter gefragt werden, um dem Kind sinnvoll zu helfen. **Mit anderen Worten: Wurde bei einem Kind ADS diagnostiziert, darf das Fragen nicht aufhören, sondern hier fängt es erst richtig an.** Welche Möglichkeiten es hier gibt, dazu möchte ich im zweiten Teil dieses Buches kommen.

Wenn es um die Nachweisbarkeit von ADS im Gehirn von Kindern geht, werden häufig Studien zitiert, in denen mit neuen bildgebenden Verfahren gearbeitet wurde. Die Darstellungen verschiedener Autoren zeigen jedoch, dass sie der Versuchung unterliegen, gefundene organische Auffälligkeiten in einen ursächlichen Zusammenhang mit den Auffälligkeiten im Verhalten zu bringen. Es wird dadurch der Eindruck erweckt, man habe eine messbare Ursache für ADS-typische Verhaltensweisen entdeckt.

Der folgende Exkurs stellt einen Versuch dar, diesen Schluss zu relativieren.

Neue bildgebende Verfahren und ADS

Verschiedene bildgebende Verfahren ermöglichen es, bestimmte Funktionen des Gehirns mit Hilfe eines Computers auf einem Bildschirm darzustellen. **Da beim medizinischen Modell des ADS von Mängeln der Hirnfunktion ausgegangen wird, Belege aber noch fehlen, werden große Hoffnungen in den Bereich der bildgebenden Verfahren gesteckt.** Man verspricht sich, mit fortschreitender Technik endlich den Schlüssel zum ADS zu entdecken.

Euphorisch wurden Ergebnisse einer Studie des amerikanischen Kinder-Psychiaters *Alan Zametkin* und seinen Kollegen aufgenommen. Sie wies durch Einsatz von **Positronen-Emissionstomographie** (PET) bei hyperaktiven Erwachsenen, die Eltern ebenfalls hyperaktiver Kinder waren, in bestimmten Hirnregionen einen bedeutend niedrigeren **Glukosestoffwechsel** nach. Glukose ist ein wichtiger Stoff, der unter anderem das Gehirn mit der Energie versorgt, die es zum Arbeiten benötigt. Wenn in bestimmten Hirnbereichen der Glukoseverbrauch niedriger ist, so bedeutet das, dass diese Region weniger intensiv arbeitet.

Diese PET-Untersuchung wurde und wird in der Literatur häufig als der Beweis dafür gewertet, dass ADS durch eine Störung des Stoffwechsels im Gehirn verursacht wird. Dass diese Schlussfolgerung nicht haltbar ist, zeigte sich bereits drei Jahre nach *Zametkins* Entdeckung.

Die wissenschaftliche Ethik verbot aufgrund der erheblichen mit ihr einhergehenden Strahlenbelastung den Einsatz der PET bei Minderjährigen. 1993 übertrat *Alan Zametkin* diese Schwelle, um seine bei Erwachsenen gefundenen Ergebnisse für Kinder und Jugendliche zu bestätigen. **Der Versuch misslang. Zwischen den PET-Bildern der Jugendlichen, die mit ADS diagnostiziert worden waren und den PET-Bildern der anderen Jugendlichen konnten keine signifikanten Unterschiede festgestellt werden.** [18] Allerdings wurde das widersprüchliche Ergebnis in der Öffentlichkeit kaum publik. Man sieht hier sehr deutlich, wie in der Auswahl von wissenschaftlichen Studien zur Darstellung des ADS selektiert wird, um ein hypothetisch angenommenes Modell zu bestätigen und aufrechtzuerhalten.

[18] *A.J. Zametkin et al., 1993, S. 333*

23 *Was so klar und bewiesen scheint …*

Neben der PET wird die **Single Photon Emission Computed Tomography** (SPECT) zur Erforschung des ADS eingesetzt. Durch sie können Rückschlüsse auf die **Durchblutung der verschiedenen Gehirnregionen** gezogen werden. Die dänische Wissenschaftlerin *H. C. Lou* konnte bei hyperaktiven Kindern eine geringere Durchblutung verschiedener Gehirnregionen feststellen. [19] Zur Beurteilung der Ergebnisse muss jedoch gesagt werden, dass *Lou* nur sehr wenige Kinder mit dieser Methode untersuchte. Diese zeigten jedoch alle deutliche Hinweise auf eine neurologische Störung. Es ist darum fragwürdig, inwieweit diese Ergebnisse auf die Kinder, die in der gegenwärtigen Praxis als „ADS-krank" angesehen werden, übertragen werden können. Außerdem gibt es bisher kaum Richtlinien, wie die durch SPECT-Scans gewonnenen Bilder zu interpretieren sind. **Selbst wenn es gelingt, Abweichungen zweifelsfrei festzustellen, wissen wir noch nicht, ob diese vererbt oder erworben wurden, ob sie die wirkliche Ursache für Verhalten sind oder ob eine andere Verbindung besteht.** Dennoch hat die SPECT in den USA Einzug in die Diagnosepraxis gewonnen. Nach *Lawrence Diller*, einem US-amerikanischen Arzt und Verhaltenstherapeut, zeigt die Berufung auf diesen technologischen Ansatz vor allem die **wachsende Bereitschaft der Ärzte, von ungeklärten Zusammenhängen auf eine Verursachung des ADS durch ein biochemisches Ungleichgewicht zu schließen** und die Bereitschaft aller Beteiligten, dieser verkürzten Argumentation zu folgen. [20]

[19] *H. C. Lou, 1009, zitiert in: A. Marcus & A. Rothenberger, 1994, S. 140;*
H. C. Lou et al., 1984, 1989, zitiert in: R. A. Barkley, 1990, S. 97
[20] *L. H. Diller, 1999, S. 114*

Und wenn es das gar nicht gibt?

Die Psychopharmakotherapie beim ADS

Psychopharmaka sind Substanzen, die auf das Zentralnervensystem wirken und damit Einfluss auf Emotionen und Verhalten haben. Präparate mit Wirkstoffen, die etwa zur Gruppe der Antiepileptika oder der Antidepressiva gehören, werden für die Behandlung des ADS relativ selten eingesetzt. Auf sie wird darum nicht genauer eingegangen.

Am häufigsten werden Kinder, die mit der Diagnose ADS versehen wurden, mit **Methylphenidat** behandelt. Es ist gängig, hier nicht von Methylphenidat sondern von Ritalin® zu sprechen, obwohl Ritalin® lediglich ein Produktname der Firma Novartis ist. Die korrekte Bezeichnung müsste Methylphenidat lauten, denn dies ist der Wirkstoff, den Ritalin® enthält. Medikinet® ist ein Präparat mit dem gleichen Wirkstoff, das von der Firma Medice produziert wird. Im weiteren Text wird, um Verwirrungen zu vermeiden, von Methylphenidat gesprochen.

Im Zusammenhang mit den speziellen Eigenschaften von Methylphenidat werden Lehrer häufig in die Behandlung der betroffenen Kinder mit diesem Medikament eingebunden. Hinzu kommt, dass die Verordnungszahlen in den letzten Jahren rapide angestiegen sind. **Ende der 90er-Jahre stieg die Menge der verschriebenen Methylphenidat-Produkte um das Vierzigfache und zwar von 0,7 Millionen Tabletten im Jahre 1995 auf 31 Millionen 1999.**[21] Damit ist natürlich auch die Wahrscheinlichkeit größer geworden, dass Lehrer und Pädagogen im Rahmen der Arbeit auf Schüler treffen, die diese Medikamente nehmen. Darum soll in den nächsten Abschnitten auf die Medikation mit Ritalin® exemplarisch eingegangen werden.

Die Familie der Wirkstoffe, zu denen Methylphenidat gehört, ist die der **Stimulanzien**. Stimulanzien, zu denen auch Grundsubstanzen wie **Koffein, Kokain, Pemolin und Amphetamine** gehören, tragen diesen Namen aufgrund ihrer Wirkung, die sie auf den Organismus und speziell auf das Herz, die Blutgefäße und das Gehirn haben. **Sie erhöhen den Wachheitsgrad und verhindern Ermüdungserscheinungen.**

---

[21] *E.C. Gründler, 2002, S. 40*

Auch wenn die Wirkung bei den einzelnen Präparaten aus der Gruppe der Stimulanzien sehr ähnlich ist, sind Dauer und Intensität der Wirkung der Substanzen sehr unterschiedlich. Dementsprechend variieren auch Dosis und Dosisintervalle deutlich. **Es gibt darum keine Standardvorschriften für die medikamentöse Behandlung mit Stimulanzien, und die Therapie muss sehr individuell ausgerichtet werden.**

Dabei sind unter anderem die Zielsymptome, d.h. jene Merkmale des ADS, die durch die Medikation verändert werden sollen, Körpergewicht und individuelle Reaktion des Kindes auf ein Präparat zu berücksichtigen. Insgesamt zeichnen sich die Stimulanzien durch eine sehr kurze Halbwertzeit aus. Das bedeutet, dass sie im Organismus sehr schnell wieder abgebaut werden. Es sind dann keine Rückstände mehr im Körper nachzuweisen. **Für Methylphenidat wird angenommen, dass die Wirkung bereits 30–45 Minuten nach der Einnahme zu beobachten ist und bei zwei bis vier Stunden das maximale Niveau erreicht. Danach lässt die Wirkung relativ schnell wieder nach.** Das Kind zeigt dann erneut die gewohnten, unerwünschten Verhaltensweisen. In der Regel wird Methylphenidat in zwei, manchmal auch in drei Tagesdosen eingenommen, damit das Verhalten des Kindes während aller problematischen Anforderungen des Tages – insbesondere Schule und Hausaufgaben – reguliert werden kann.

Der Einsatz von Stimulanzien bei der Behandlung von Kindern ist nicht neu. Bereits 1937 beobachtete der amerikanische Arzt *Dr. Charles Bradley*, dass die Einnahme von Amphetaminen bei einem Teil auffälliger Kinder zu verändertem Lernverhalten führte. [22] Diese Entdeckung wurde jedoch nur in sehr wenigen kinderärztlichen Praxen umgesetzt. Auch eine wissenschaftliche Überprüfung stand über die folgenden 15–20 Jahre aus. Zu dieser Zeit galten **Tranquilizer** (Substanzen, die je nach Wirkstoff oder Dosierung eine beruhigende oder antikonvulsive, d.h. antiepileptische Wirkung haben) als die geeignete Medikation für „schwierige Kinder". [23]

[22] *C. Bradley, 1937 zitiert u.a. in: G. Hüther & H. Bonney, 2002, S. 17*
[23] *T. Armstrong, 1995, S. 38*

Und wenn es das gar nicht gibt?

Das wissenschaftliche Interesse war darum stark auf diese Substanzen gerichtet. Erst in den 50er-Jahren erwachte parallel mit der wachsenden Kritik an der Verwendung von Tranquilizern das Interesse an *Bradleys* Ansatz neu, und es wurde mit einer umfassenden Erforschung der Wirkung von Stimulanzien auf das kindliche Verhalten begonnen.[24] **Schließlich wurde die Medikation mit Stimulanzien zur bevorzugten Behandlungsform des ADS.**

Russel A. Barkley, einer der bekanntesten amerikanischen Forscher im Bereich des ADS, bezeichnet sie als die am besten untersuchte Therapie der Kinderpsychiatrie.[25] Rückgreifend auf diesen sehr großen Fundus an Forschungsergebnissen, räumen Befürworter der Psychopharmakotherapie mögliche Bedenken vor allem bezüglich der Nebenwirkungen sehr schnell aus. Schon früh jedoch wurde Methylphenidat gegenüber dem Amphetamin vorgezogen. Obwohl beide Substanzen sich in ihrer Wirkung sehr ähneln, war von letzterer bereits bekannt, dass sie ein hohes Suchtpotenzial barg.

Zeitgleich mit dem steigenden Forschungsinteresse kam 1954 Ritalin® auf den Markt. Kritische Autoren, wie z.B. *Peter Conrad*, der die Medizinisierung abweichenden Verhaltens an diesem Beispiel problematisierte, werten dieses Ereignis als eine Art **Initialzündung für die „Entdeckung der Hyperkinese".**

Mit ihr wurde auf den öffentlichen Druck, den Gebrauch von Psychopharmaka bei Verhaltens- und Lernproblemen im Kindesalter zu rechtfertigen, reagiert. Denn bevor in den 80er-Jahren das Aufmerksamkeitsdefizit als das Hauptproblem der betroffenen Kinder herausgestellt wurde, sprach man von der hyperkinetischen Reaktion im Kindesalter oder von der Hyperkinese. Mit diesem Begriff wurde dem Aspekt des extrem hohen Aktivitätsniveau der Kinder Rechnung getragen.

Sicherlich stehen hinter solchen Erklärungsansätzen auch **Interessen der Pharmaindustrie,** der sich mit der medikamentösen Behandlung von Verhaltensauffälligkeiten im Kindesalter ein neuer Markt eröffnete. Es wäre jedoch zu einfach, allein

[24] *T. Armstrong, 1995, S. 38*
[25] *R.A. Barkley, 1990, S. 15*

Profitinteressen der Industrie für die steigenden Verschreibungszahlen verantwortlich zu machen. Wir sollten davon ausgehen, dass in der Gesellschaft auch eine Bereitschaft bestehen muss, störende Verhaltensweisen als krankhaft anzuerkennen und mit Medikamenten zu behandeln. **Im Bezug auf das ADS kamen beide Komponenten zusammen: die Interessen der Industrie und die Bereitschaft zur Anerkennung medizinischer Erklärungsmodelle für Verhalten.**

Kinder, denen früher aufgrund ihres Verhaltens mit moralischer Erziehung begegnet wurde, werden heute als krank „erkannt". Besonders deutlich wird dies an dem regelmäßig zitierten Beispiel des Zappelphilipps, einer von *Heinrich Hoffmann* eigentlich zum Zwecke der moralischen Erziehung seines Sohnes verfassten und mit Zeichnungen illustrierten Geschichte aus dem *„Struwwelpeter"*. **Der Zappelphilipp gilt heute als das klassische ADS-Kind und als der Beweis, dass es ADS schon immer gab.**

Es gab sicher schon immer Kinder, die sich in dieser Art auffällig verhielten. Zu ADS-Kindern konnten sie jedoch erst werden, nachdem das medizinische Erklärungsmodell entwickelt und als allein gültig deklariert wurde. An das jetzt medizinische Problem ADS konnte nun auch medizinisch herangegangen werden. Der Einsatz von Tabletten schien gerechtfertigt. **Aber wie genau wirkt nun Methylphenidat beim Kind?**

3. Grundpfeiler

„Wenn Methylphenidat bei einem Kind wirkt, ist das der Beweis dafür, dass das Kind ADS hat."

Insgesamt gilt die **genaue Wirkungsweise** von Stimulanzien und deren Einfluss auf das Gehirn als **noch ungeklärt**. Exakte Kenntnisse über den Mechanismus, der letzten Endes zur Veränderung des ADS-typischen Verhaltens führt, liegen noch nicht vor.[26] Welche körperlichen Effekte sich unter der Wirkung von Stimulanzien zeigen, ist jedoch gut bekannt.

In der Darstellung der Wirkung von Stimulanzien wird häufig der so genannte „paradoxe Effekt"[27] zitiert. **Denn obwohl der Name „Stimulanz" eher eine aktivitätssteigernde Wirkung vermuten lässt, scheinen sie bei Kindern mit ADS eine beruhigende Wirkung zu haben.** Diese unerwartete Reaktion zeigt sich nach der These des paradoxen Effektes nur bei Kindern mit ADS, da das Medikament bei ihnen genau die Funktionen reguliere, die das „ADS-erkrankte" Gehirn nicht angemessen steuern kann. **Im Umkehrschluss wird behauptet, dass Methylphenidat nur wirkt, wenn das damit behandelte Kind tatsächlich ADS hat.** D.h., dass das Vorhandensein der biochemischen Krankheitsursache dann angenommen wird, wenn die Therapie als erfolgreich gewertet wird. Die Diagnose wird also von der erfolgreichen Behandlung aus bestimmt – eine seltsame Verdrehung. Dennoch scheint die Argumentationskette bis zu diesem Punkt logisch zu sein. In der Praxis wird sie folgendermaßen umgesetzt: Bei einem Kind wird ADS diagnostiziert und ein Medikament verschrieben. An der Wirkung wird dann versucht zu zeigen, dass die Diagnose richtig war. **Dem Medikament wird damit die Funktion eines ADS-Tests zugeschrieben.** Der gezeigte Zirkelschluss führt zu Aussagen wie: *„ADS kann man daran erkennen, dass Methylphenidat beruhigend wirkt. Bei ihm ist es so. Also hat er ADS."* Diese immer wieder beschriebene Argumentationskette kann jedoch nur aufrechterhalten werden, wenn bewusst Studien außer Acht gelassen werden, die zeigen, dass die Wirkung von Methylphenidat und anderen Stimulanzien unabhängig davon sind, ob die Verhaltensmerkmale eines ADS gezeigt werden oder nicht.[28]

[26] P.R. Breggin, 1997, S. 135; L.H. Diller, 1999, S. 25
[27] vgl. u.a. E. Aust-Claus, 1999, S. 273; F. Dietz, 1999, S. 112 ff.; L.H. Diller, 1999, S. 32
[28] P.R. Breggin, 1997, S. 71; L.H. Diller, 1999, S. 63

29 *Was so klar und bewiesen scheint …*

Die **sichtbaren Auswirkungen** von Methylphenidat auf den Körper sind relativ gut bekannt. Hierbei muss unterschieden werden zwischen der niedrigen Dosis, die Kinder zur ADS-Therapie bekommen und den hohen Dosen, die beim Missbrauch des Medikaments konsumiert werden. *Judith Rapoport* vom **National Institute of Mental Health** (NIMH) in Maryland konnte zeigen, dass alle untersuchten Jungen, unabhängig von auffälligem Verhalten oder neurologischen Störungen im Großen und Ganzen auf die gleiche Weise auf Dezedrin (wie Methylphenidat ein von Amphetamin abgeleiteter Stoff) reagiert haben. Nämlich mit einer **Verminderung ihrer körperlichen Aktivität**, mit **besserer Aufmerksamkeit** und mit besseren Resultaten in einem Mathematiktest. Auch erwachsene Männer verbesserten unter Einfluss von Dezedrin ihre Leistungen in der beschriebenen Weise.

Die typische Wirkung von gering dosierten Stimulanzien besteht zusammengefasst in einer steigenden Fokussierung der Aufmerksamkeit. Sie ist unabhängig davon, wer die Substanz einnimmt.

Diese Ergebnisse legen nahe, dass die Reaktion auf Stimulanzien inklusive des angeblich paradoxen Effektes weder spezifisch für Kinder (im Gegensatz zu Erwachsenen) noch für Menschen mit ADS sind.[29] **Der Wirkung von Methylphenidat muss jede diagnostische Funktion abgesprochen werden.** Es ist erstaunlich, in wie vielen Ratgebern dennoch von der Wirkung der Medikamente auf das Vorhandensein eines ADS rückgeschlossen wird.

Die Legitimation einer medizinischen Behandlung baut auf der theoretischen Annahme auf, dass ADS-typischem Verhalten ein biochemisches Ungleichgewicht im Gehirn zugrunde liegt. Diese Legitimation macht überhaupt den Wert dieser Theorie aus. Auf den Punkt gebracht lautet die Forderung: **Ein körperliches Leiden muss auf körperlicher Ebene behandelt werden. Ohne eine Theorie des körperlichen Leidens könnte man diese Forderung nicht stellen.**

Dass ein physiologischer Defekt ursächlich für das gezeigte Verhalten der Kinder sein muss, wurde bereits in den vorangegangenen Kapiteln in Frage gestellt. Selbst wenn aber davon ausgegangen wird, dass ADS-typischen Verhaltensweisen eine Funktionsstörung im Gehirn zugrunde liegt, müssen der Ort der Medikamentenwirkung einerseits und der Ort der Störung andererseits nicht identisch sein.

---

[29] *vgl. auch Klicpera 1982 zitiert in: H. Amft, 2002, S. 94*

Auch bei anderen Medikamenten wird nicht zwingend davon ausgegangen, dass der durch das Medikament verabreichte Stoff direkt jenen Mangel ausgleicht, der die behandelten Symptome verursachte. **Kein Mensch kommt auf die Idee, Kopfschmerzen auf einen Mangel an Acetylsalicylsäure zurückzuführen**, auch wenn ihn eine Tablette Aspirin® von den Schmerzen befreit. **In Bezug auf das ADS und die Behandlung mit Stimulanzien wird genau dieser Schluss jedoch gezogen.**

Grundpfeiler

„Den ADS-Kindern geht es wie Kindern mit Diabetes, die auf Insulin angewiesen sind. Darum darf ihnen Hilfe durch Medikamente nicht vorenthalten werden."

In der Literatur zum ADS werden, wenn es um die Legitimation des Einsatzes von Psychopharmaka bei Kindern geht, häufig Parallelen zu anderen Krankheiten gezogen: *„Wenn ein Kind eine Konzentrationsstörung hat, dann hat es ein chemisches Problem und braucht Ritalin®, so wie ein Diabetiker Insulin braucht".* [30]
Dieser Vergleich hört sich zunächst sehr plausibel an. Dennoch: **Der Vergleich hinkt nicht nur, er ist auch unhaltbar.** Insulin wirkt durch Substitution, d.h. es ergänzt einen Stoff, den der Körper eigentlich selbst herstellt. Methylphenidat hingegen stellt der Körper nicht her. Es steht weiterhin außer Frage, dass Menschen, die an Diabetes leiden, an dieser Krankheit sterben, wenn sie nicht behandelt wird. ADS ist nicht tödlich. Wohl aber hat die Verwendung bestimmter Psychopharmaka zur Behandlung von ADS in einigen seltenen Fällen zum plötzlichen Tod der Kinder geführt. [31]
Sehr beliebt ist auch der Vergleich der Wirkung von Medikamenten mit der einer Brille. Beide helfen demjenigen, der an Mängeln in der Wahrnehmung leidet, diese auszugleichen. Die Wiesbadener Kinderneurologin *Elisabeth Aust-Claus* äußert in ihrem ADS-Buch in Anbetracht der Tatsache, dass die optische Sehhilfe „Brille" allgemein anerkannt ist, wenig Verständnis dafür, dass in der Diskussion um die

[30] M. Baren, 1988, zitiert in: P.R. Breggin, S. 119; vgl. auch:
R.A. Barkley, 1990, zitiert in C. Neuhaus, 1999, S. 199; Staatsinstitut
f. Schulpädagogik u. Bildungsforschung München, 2001, S. 85
[31] L.H. Diller, 2002, S. 226; ders., 1999, S. 269ff.

31 *Was so klar und bewiesen scheint ...*

Behandlung des ADS „den Kindern effektive Hilfen vorenthalten" werden.[32]
Dabei werden jedoch wiederum einige grundlegende Unterschiede übergangen.
So sind die Standards für die Bestimmung einer Fehlsichtigkeit ungleich eindeutiger
als für die Abgrenzung von auffälligem gegenüber normalem Verhalten. Die Subjektivität des Augenarztes spielt bei der Sehdiagnostik so gut wie keine Rolle. Hingegen
beruht die Diagnose des ADS zu wesentlichen Teilen auf Verhaltensbeobachtung.
Diese ist immer auch von der Subjektivität des Beobachters geprägt. Außerdem kommen Bedenken bezüglich Nebenwirkungen und Langzeitfolgen der Anwendung bei
einer Brille gar nicht erst in Frage.
Solche Vergleiche sind fachlich also nicht haltbar. Möglicherweise begründet
sich die Motivation, dennoch auf sie zurückzugreifen, insbesondere darin, dem Laien
ein **„Aha-Erlebnis"** zu vermitteln.

5. Grundpfeiler

„Das Ritalin® ist schon ein Wundermittel."

„Das Ritalin® ist schon ein Wundermittel". So war in einem
Artikel des Spiegels[33] die Aussage einer Mutter zitiert.
Hintergrund war die Feststellung, dass es für ihren
Sohn Felix, seit er Ritalin® nimmt, in der Grundschule wesentlich besser laufe und er im
Diktat sogar eine 3+ geschafft habe.
Sicherlich ist dies die subjektive Emp-
findung einer betroffenen Mutter,
vielleicht auch nur die überzeichnete Formulierung der Autoren. In der Ratgeberliteratur werden
die Medikamente, die zur Behandlung ADS-typischer Verhaltensweisen eingesetzt werden, mehr oder weniger ausdrücklich

Methylphenidat

---

[32] E. Aust-Claus, 1999, S. 274
[33] J. Blech & K. Thimm, 2002, S. 122

nicht mit der Bewertung eines Wundermittels versehen. Vor allem wird betont, dass durch das Medikament nicht „automatisch", also ohne Zutun der Kinder, alle (Verhaltens-)Probleme gelöst werden, sondern dass die Kinder ihr Verhalten immer noch selbst bestimmen.

Felix Dietz verfasste im Alter von 14 Jahren ein kleines Buch, in dem er von „seinem" ADS berichtet. Zum Amphetamin-Saft sagt er: *„Sicher hört es sich jetzt so an, als sei das Medikament ein Wundermittel. Das ist es aber nicht! Der Saft hat mich nicht intelligenter oder freundlicher gemacht. Er hilft mir nur dabei die Dinge zu tun, die ich ohne mein ADS sowieso auch tun könnte!"* Und an anderer Stelle: *„Das ADS-Medikament ist aber kein Wundermittel! Denn man muss sich auch mit dem Medikament ziemlich anstrengen, damit die Sachen gut gelingen."* [34]

Wer dann jedoch liest, welche Wirkungen Stimulanzien zugesprochen werden, kann gut nachvollziehen, warum so **hohe Erwartungen** an sie gerichtet werden: **Die behandelten Kinder würden ruhiger, aufmerksamer, ausgeglichener, anpassungsfähiger an die emotionale Situation, weniger impulsiv.** Ihre Fähigkeit zum Verstehen stiege. Sie könnten still sitzen, sich konzentrieren, besser kanalisieren, schneller arbeiten, an einer Sache „dranbleiben", besser abwarten, anderen besser und länger an einem Stück zuhören. Ihre Hemmungsfunktion, ihre Reaktionsfähigkeit, ihre Schrift, ihre Reaktionszeit, ihr Kurzzeitgedächtnis verbesserten sich. Sie müssten nicht mehr auf jeden Ablenkreiz reagieren und sie schienen Kontext und Sinn einer Maßnahme zu verstehen.

Die Liste der Wirkungsbereiche, die in der Ratgeberliteratur genannt werden, ließe sich mit Sicherheit noch ergänzen. Die Effekte sind erstaunlich. Einige lassen sich bei den behandelten Kindern deutlich beobachten. Auf andere, wie etwa das bessere Kanalisieren, wird eher vor dem Hintergrund der jeweils angewendeten Theorie zu den Ursachen des ADS geschlossen. Es ist unbestritten, dass Methylphenidat in vielen Fällen positive Kurzzeiteffekte in Bezug auf das Verhalten der Kinder bringt. Dennoch ist zu große Euphorie nicht angemessen.

Kritische Fragen kommen in Ratgebern oft zu kurz. Ihnen soll darum hier unter der Berücksichtigung wissenschaftlicher Ergebnisse Raum gegeben werden.

---

[34] *F. Dietze, 1999, S. 43 und 116, Hervorhebungen im Original*

33 *Was so klar und bewiesen scheint ...*

In welchen Bereichen ist die Wirkung der medikamentösen Therapie begrenzt?

Die Wirkungen, die Methylphenidat- und Amphetaminpräparaten zugesprochen werden, lassen sich grob in die zwei Bereiche „**Verhalten**" und „**Lernen**" einteilen. Zunächst soll die Kurzzeitwirkung von Stimulanzien in diesen beiden Bereichen erläutert werden. Der Begriff Kurzzeitwirkung umfasst dabei einen Zeitraum von ca. 4–18 Wochen.[35] Die Veränderungen im Verhalten der Kinder unter Methylphenidat zeigen sich insbesondere darin, dass sie im Unterricht **weniger stören** und **insgesamt angepasster** sind. Außerdem verlängert sich ihre **Aufmerksamkeitsspanne. Verbesserungen im Sozialverhalten** und in der Beziehung zu Lehrern und Gleichaltrigen scheinen weniger zuverlässig als zunächst angenommen.[36] In der Praxis wird jedoch immer wieder festgestellt, dass sich zuvor angespannte Situationen sehr bald nach dem Beginn der medikamentösen Therapie deutlich entspannen. **Die Effekte auf das Lernen sind begrenzter.** James M. Swanson ist ein in den USA sehr renommierter ADS-Forscher auf dem Gebiet der medikamentösen Therapie. 1992 verfasste er mit seinen Kollegen eine Übersicht der wissenschaftlichen Erkenntnisse über Methylphenidat bis zu diesem Zeitpunkt, die so genannte „**Review of Reviews**".

In ihr fassten sie die Ergebnisse von 300 Reviews und 9 000 Originalartikeln von nahezu 55 Jahren zusammen. Für die Effekte auf das Lernen der Kinder ergab sich Folgendes: „*Die Behandlung mit Stimulanzien kann in einigen Fällen das Lernen verbessern, es aber in anderen mindern.*"[37]

Wie für die Substanz typisch, verbessert ihr Einfluss Leistungen in sich wiederholenden, routinemäßigen Aufgaben, die anhaltende Aufmerksamkeit erfordern. Komplexe Fähigkeiten wie etwa Lesen, schlussfolgerndes und problemlösendes Denken und Lernen jedoch werden scheinbar nicht positiv beeinflusst.

---

[35] *vgl. J. M. Swanson, 1993, zitiert in: P. R. Breggin, 2001, S. 127*
[36] *vgl. D. A. Regier & A. I. Leshner, 1992, zitiert in: P. R. Breggin, 2001, S. 128*
[37] *J. M. Swanson, 1993, zitiert in: P. R. Breggin, 2001, S. 126*
und in L. H. Diller, 1999, S. 314

Und wenn es das gar nicht gibt?

Wie wirkt die Behandlung mit Methylphenidat auf lange Sicht?

Ein großer Kritiker des medizinischen Modells des ADS und der Therapie mit Psychopharmaka, *Peter R. Breggin*, gibt in seinem Buch „*Talking back to Ritalin*®" eine eindeutige Antwort: **Positive Wirkungen von Medikamenten sind auf lange Sicht nicht nachweisbar.** Erstaunlicherweise belegt er seine Schlussfolgerung mit Zitaten aus wissenschaftlichen Veröffentlichungen bekannter Ritalin®-Befürworter.

Studien über die Langzeit-Effekte der medikamentösen Therapie sind rar.
Hierzu müssten Kinder bis ins Erwachsenenalter regelmäßig befragt und untersucht werden – ein außerordentlich hoher Aufwand. Dort, wo dieser Aufwand betrieben wurde, sind die Ergebnisse ernüchternd. Die Wissenschaftlerin *Gabrielle Weiss* und ihre Kollegen untersuchten über fünf Jahre hinweg hyperaktive Kinder, die mit Methylphenidat behandelt wurden und solche, die nicht medikamentös therapiert wurden. Die Wissenschaftler kamen zu dem Ergebnis, dass sich beide Gruppen in Bezug auf ihre Intelligenz, ihre Schulleistungen, ihre emotionale Verfassung und Straffälligkeit (Delinquenz) nicht unterschieden.[38] Auch die oben zitierte „*Review of Reviews*" ergab, **dass positive Langzeiteffekte, wie bessere schulische Ergebnisse, besseres Sozialverhalten oder eine Verminderung der Straftaten im weiteren Lebenslauf, wissenschaftlich nicht bestätigt werden können.**
Sicher können in Bezug auf die Wirksamkeit von Medikamenten auch keine allgemeingültigen Schlüsse gezogen werden. Kinder scheinen unterschiedlich empfänglich für die Wirkung von Psychopharmaka zu sein. Es gibt keine Hinweise, die es erlauben, hier Vorhersagen zu treffen. Außerdem kann und sollte es parallel zur Durchführung der medikamentösen Therapie zu Veränderungen im Umfeld des Kindes kommen. **Die Einbeziehung der Erziehung sowohl in der Familie als auch in der Schule ist besonders günstig.** Werden erfolgreiche Veränderungen in der Erziehung konsequent beibehalten, kann die Entwicklung des Kindes auch längerfristig Fortschritte machen, die auch unabhängig von einer weiteren medikamentösen Behandlung erhalten bleiben.

[38] vgl. Weiss et al., 1975, zitiert in:
K. Minde & H.-C. Steinhausen , 1982, S. 187

Was so klar und bewiesen scheint ...

Bleiben die erwünschten Effekte der Medikamente auch nach Beendigung der medikamentösen Behandlung erhalten?

Diese Frage muss verneint werden. Eine Phase, in der sich dies besonders häufig beobachten lässt, ist die Pubertät. **Während jüngere Kinder die Medikamente oft ohne größeren Widerstand nehmen, beginnen viele Jugendliche, sich im Verlauf der Pubertät stärker gegen eine Behandlung zu wehren.** Die große Entwicklungsaufgabe in dieser Zeit heißt, mehr Selbstständigkeit zu erlangen. Dies scheint für einige Jugendliche im Widerspruch mit dem Bewusstsein zu stehen, dass sie Medikamente zur Regulierung ihres Verhaltens einnehmen sollen. Sie sind sicher, dass sie ihre Angelegenheiten auch selbst regeln können. Gegen den Widerstand der Jugendlichen lässt sich eine medikamentöse Therapie kaum durchsetzen. Häufig wird das Medikament in dieser Zeit abgesetzt.

In einigen Fällen geht das gut. In der Regel treten jedoch überwunden geglaubte Probleme wieder in unveränderter Stärke auf. Ausgenommen davon ist die motorische Unruhe, die während der Pubertät jedoch auch ohne jegliche Behandlung unauffälliger wird. Die Kinder befinden sich nach dem Absetzen der Medikamente scheinbar wieder in derselben Situation wie vor Beginn der Behandlung. Dabei ist es nicht entscheidend, wie lang sie diese genommen haben.[39] Das gilt insbesondere, wenn andere Interventionsformen ignoriert wurden. Erstaunlich ist das nicht. **Wie soll ein Kind lernen, sein eigenes Verhalten zu steuern, wenn ihm die Steuerung durch die Wirkung der Medikamente abgenommen wird?**

[39] vgl. Whalen & Henker, 1997, zitiert in: P.R. Breggin, 2001, S. 127

Und wenn es das gar nicht gibt?

Verhindert eine Behandlung der Symptome des ADS mit Medikamenten, dass die tatsächlichen Ursachen für das abweichende Verhalten oder seine begünstigenden Faktoren in der Umwelt aufgedeckt werden?

Diese Frage wird selten aufgeworfen und kritisch betrachtet. Im medizinischen Modell des ADS wird die Behandlung mit Medikamenten auch gar nicht als rein symptomatisch gesehen. **Im Gegenteil wird – wie gezeigt – behauptet, dass Methylphenidat an der Ursache ansetzt, nämlich indem es eine körperliche Fehlfunktion ausgleicht.** Dass und warum diese Behauptung nicht tragbar ist, habe ich bereits erläutert.

Auch ADS-typisches Verhalten von Kindern ist durch pädagogische Mittel beeinflussbar. Einige dieser Mittel werden im **Kapitel „Zwischen Verstehen-wollen und Handeln-müssen"** (s. S. 59) ausführlich vorgestellt. Unter dem Einfluss von Medikamenten zeigt ein Kind jedoch viele der störenden Verhaltensweisen, die verändert werden sollen, nicht. **Die Notwendigkeit von Veränderungen im Umfeld der Kinder oder in ihrer Beziehung zu Erwachsenen wird dann häufig nicht mehr gesehen, obwohl diese Bedingungen auch zu ihrem Verhalten beigetragen haben können.** Wollen Eltern und Lehrer dennoch sinnvolle pädagogische Mittel einsetzen, können sie die erzielten Effekte kaum beobachten, wenn das Kind gleichzeitig unter dem Einfluss von Medikamenten steht. Es ist also für Eltern und Pädagogen nicht nachvollziehbar, welche pädagogischen Interventionen bei genau diesem Kind besonders wirkungsvoll sind.

Einige Fragen können wir hier nicht abschließend klären. So z.B., warum sich die Einschätzung der Wirksamkeit von Methylphenidat in wissenschaftlicher Literatur sehr stark von der Einschätzung in der „Praxis-Literatur" unterscheidet. Oder warum wissenschaftliche Ergebnisse nur begrenzt Eingang in die Öffentlichkeit finden? Einer letzten interessanten Frage in diesem Zusammenhang möchte ich jedoch noch etwas mehr Raum geben:

Was sind die Faktoren, die dazu geführt haben, dass die Verordnungszahlen in den letzten Jahren dramatisch angestiegen sind?

Eine Erklärung könnte man darin suchen, dass die Zahl der Kinder, die ADS-typische Verhaltensweisen zeigen, gestiegen ist. Dazu muss gesagt werden, dass **Untersuchungen zur Häufigkeit** (Prävalenz) **von ADS** zu sehr unterschiedlichen Ergebnissen kommen.

Beispielsweise wurde bei einer in England durchgeführten Studie bei 0,09 % der Kinder ein ADS diagnostiziert. Eine israelische Studie zeigte hingegen, dass Lehrer 28 % der untersuchten Schüler für hyperaktiv hielten. [40]

Die Ergebnisse von Studien sind, das zeigt schon dieser erste Vergleich, abhängig von der gewählten ADS-Definition, vom Ort der Durchführung und von den Personen, die das Verhalten der Kinder beurteilen. Hier besteht ein enger Zusammenhang mit der Schwierigkeit, ADS überhaupt zu diagnostizieren (s. S. 17). Aus derart variierenden Ergebnissen eine gesamtgesellschaftliche Entwicklung über einen längeren Zeitraum abzuleiten, scheint nahezu unmöglich. Dass es in den letzten Jahren zu einer epidemieartigen Ausbreitung der angenommenen physiologischen Ursachen von ADS gekommen sein soll, scheint außerdem wenig plausibel.

Denkbar wäre, dass veränderte Rahmenbedingungen in Schule und Familie dazu geführt haben, dass mehr Kinder auffällige Verhaltensweisen zeigen. Eine andere Hypothese, die die steigenden Verordnungszahlen erklären könnte, wäre, dass **nicht die Zahl der sich auffällig zeigenden Kinder gestiegen ist, sondern die Wahrscheinlichkeit, dass bestimmte Verhaltensweisen medikamentös behandelt werden.** Das hieße also, dass Kindern, die früher nicht oder anders behandelt wurden, heute zunehmend Medikamente verschrieben werden. Je nachdem, aus welcher Perspektive diese Hypothese betrachtet wird, stimmen die steigenden Zahlen zuversichtlich oder nachdenklich.

Wird das Verhalten der Kinder als medizinisches Problem interpretiert, so rücken die steigenden Verschreibungszahlen in das Licht fortschreitender Aufklärung. Da mehr Fachleute und Laien über das Krankheitsmodell ADS informiert sind, kann mehr Kindern geholfen werden.

---

[40] *T. Armstrong, 1995, S. 14*

Nehmen wir das medizinische Ursachenkonzept jedoch nicht als alleingültig hin, stimmen die steigenden Zahlen eher nachdenklich. Dann sind sie als **Ausdruck einer gesellschaftlichen Tendenz** zu bewerten, die Problemen zunehmend dadurch begegnet, dass **Kinder in schwierigen und komplexen Situationen auf ADS-Patienten reduziert** werden.

Grundpfeiler

„Die Nebenwirkungen von Methylphenidat
sind gegenüber den positiven Effekten
zu vernachlässigen."

Methylphenidat ist in Bezug auf das ADS das Medikament erster Wahl. Kinder, die das Medikament aufgrund der Diagnose ADS bekommen, nehmen relativ geringe Dosen zwischen 5 und 20 mg. In diesen Dosen zeigt es im Vergleich zu anderen Wirkstoffen weniger schwerwiegende Nebenwirkungen. Sie sind scheinbar auf vorübergehende **Appetitlosigkeit, Schlaflosigkeit und in Einzelfällen vermindertes Wachstum** oder ein **vermehrtes Auftreten von Tics** begrenzt.[41] (Tics sind kurzdauernde, unwillkürliche, unzweckmäßige Muskelbewegungen, die wiederholt auftreten und nur für kurze Zeit unterdrückt werden können. Dabei kann es auch zu Lautäußerungen kommen. Häufige Tics sind z.B. Blinzeln, Nase rümpfen oder Räuspern.) Bei zu hohen Dosen kann es zu Kopfschmerzen, größerer Nervosität und stärkerem Herzschlag kommen.

Studien zu den Langzeitwirkungen von Methylphenidat stehen noch aus. Der Göttinger Neurobiologe *Gerald Hüther* schließt nicht aus, dass **pharmakologische Eingriffe im Kindesalter dauerhaften Einfluss auf die Struktur des sich entwickelnden Gehirnes** haben. Er vermutet, dass es als Langzeitfolge zu einer unzureichenden Ausbildung jener Gehirnstrukturen kommt, die den **Botenstoff Dopamin** freisetzen. Dies wiederum könne zum Krankheitsbild des **Parkinson-**

---

[41] *vgl. u.a. L.H. Diller, 2002, S. 223; C. Neuhaus, 1999, S. 197f.;*
D. Krowatschek, 2001, S. 157

Was so klar und
bewiesen scheint ...

Syndroms führen.[42] Zu dieser Hypothese muss man jedoch einschränkend erwähnen, dass *Gerald Hüther* sie bisher lediglich auf die Ergebnisse von Tierversuchen stützt. **Immer wieder taucht die Frage auf, ob die Behandlung mit Methylphenidat dazu führt, dass die behandelten Kinder und Jugendlichen später eher Drogen nehmen. Ein möglicher Zusammenhang wird gegenwärtig eher nicht gesehen.**[43] Oft wird in der Literatur darauf hingewiesen, dass Jugendliche, die als Kinder Methylphenidat genommen haben, später sogar seltener zu Drogen greifen als Jugendliche, die als Kind vergleichbare Verhaltensauffälligkeiten zeigten aber nicht medikamentös behandelt wurden. Man versucht dies damit zu erklären, dass über die Wirkung der Medikamente eine Karriere umfassenden abweichenden Verhaltens verhindert werden konnte.[44]

Es gibt jedoch auch eine umfangreiche amerikanische Studie von 1998, die zeigte, dass Jugendliche, die länger als ein Jahr Methylphenidat eingenommen haben, ein erhöhtes Risiko trugen, Drogen zu konsumieren.[45]

Das Missbrauchspotenzial von Methylphenidat selbst ist bei geringer Dosierung klein. Dennoch sollte nicht verschwiegen werden, dass es prinzipiell missbraucht werden kann und wird. Hierbei werden höhere Dosen eingenommen, sodass sich ein **euphorisierender Effekt** einstellt. Der Missbrauch, d.h. ein „fehlangepasstes Muster von Substanzgebrauch"[46], führt nicht zwangsweise zur Sucht. Erst wenn es zur Toleranzentwicklung (d.h. der Körper „gewöhnt" sich an die Substanz und immer höhere Dosen werden nötig um die gleiche Wirkung zu erzielen), zu Entzugssymptomen und zu einem Muster von zwanghaftem Gebrauch kommt, sind nach dem DSM-IV die Kriterien einer Sucht gegeben.

Dazu könnte es kommen, wenn Erwachsene und Jugendliche die Einnahme der Medikamente selbst kontrollieren – was zunehmend der Fall ist – und damit Zugriff auf größere Mengen haben.[47] Denn sie steuern die Medikamenteneinnahme zwar in Absprache mit dem Arzt letzten Endes jedoch eigenverantwortlich.

[42] H. Hüther & H. Bonney, 2002, S. 72f.
[43] vgl. u.a. E. Aust-Claus, 1999, S. 300; C. Neuhaus, 1999, S. 199; M. Ryffel, 1998, S. 100
[44] E. Aust-Claus, 1999, S. 300; J. Loney, zitiert in: E. Eichlseder, 1998, S. 150
[45] N. Lambert, 1998, zitiert in: P.R. Breggin, 2001, S. 97; D. Krowatschek, 2001, S. 163
[46] DSM-IV, S. 228
[47] vgl. L.H. Diller, 1999, S. 264; D. Krowatschek, 2001, S. 157

Und wenn es das gar nicht gibt?

Die Diskussion darum, ob der Einsatz von Ritalin® bei Kindern, die ADS-typische Verhaltensweisen zeigen, gerechtfertigt ist, erschöpft sich meist in einer mehr oder weniger kritischen Würdigung der Nebenwirkungen.

Als Fazit ergibt sich daraus etwa Folgendes: *„Eine korrekte Stimulanzien-behandlung ist also bei richtiger Diagnose und Leidensdruck in jedem Alter indiziert und möglich, in vielen Fällen erlaubt sie das wahre Potenzial und die Fähigkeiten von betroffenen ADS-Patienten auszuschöpfen."*[48]

Es gibt in der Literatur einige Hinweise und auch die praktische Erfahrung zeigt, dass Kinder und Jugendliche die Medikamente oft nur ungern nehmen. **Leider werden die Gedanken und Gefühle, die Kinder und Jugendliche zu „ihrer Krankheit" und den Medikamenten haben, selten ernst genommen.** In Ratgebern wird empfohlen, Zuschreibungen wie *„Ich will das nicht, die Pille lernt, nicht ich."* oder *„Ich bin so blöd, dass ich das brauche"* mit „erklärender Korrektur" zu begegnen.[49] Ich persönlich zweifle jedoch daran, dass solche Deutungen von Kindern auf einer rationalen Ebene „wegerklärt" werden können. Vermutlich werden sie dann einfach nicht mehr offen geäußert. **Leider wurde in diesem Bereich bisher wenig geforscht,** obwohl hier zum Wohle der Kinder großes Interesse bestehen sollte. **So muss es jedoch noch offen bleiben, welchen Einfluss die Medikamenten-gabe auf das Selbstbild der Betroffenen hat.**

Rückmeldungen von mehreren Eltern und Pädagogen, die Kinder unter dem Einfluss von Methylphenidat erleben, beschreiben außerdem, dass sich einige Kinder zwar **angepasster** verhalten, gleichzeitig aber **weniger begeisterungsfähig** sind. Einem Teil der Kinder nimmt die Wirkung der Medikamente scheinbar Anteile ihrer Kreativität und ihrer Unternehmungslust. Einige verhalten sich deutlich **ängstlicher.**[50] Wie sich dies auf das Selbstbild der Kinder auswirkt, ist ebenfalls ungeklärt.

Nach dieser Diskussion komme ich zu dem Schluss, dass es unmöglich ist, in Bezug auf die Behandlung von Kindern mit Ritalin® eine allgemeine „Kosten-Nutzen-Rechnung" aufzustellen. Viele Seiten der Medikamentenwirkung liegen noch im Dunkeln. Das gilt insbesondere für die individuelle Bedeutung der medikamentösen Behandlung für ein Kind. Diese ungeklärten Punkte machen es

[48] M. Ryffel, 1998, S. 100
[49] C. Neuhaus, 1999, S. 201
[50] vgl. auch D. Krowatschek, 2002, S. 160

unmöglich, ein abschließendes Urteil darüber zu fällen, ob die Verabreichung von Psychopharmaka bei einem speziellen Kind gerechtfertigt ist oder nicht. Diese Unsicherheit ist jedoch schwer auszuhalten. Sie wird oft abgewehrt, indem radikal Position für oder gegen die medikamentöse Therapie bezogen wird. **Ich möchte Sie an dieser Stelle jedoch dazu ermutigen, zu Ihrer Unsicherheit zu stehen.** Lassen Sie sich nicht vorwerfen, unaufgeklärt zu sein, wenn Sie zugeben, in dieser Frage nicht entschieden zu sein.

Grundpfeiler 7

„Die ‚Antennen' von ADS-Kindern sind nicht richtig tariert. Darum zeigen sie ADS-typisches Verhalten."

Wie Sie in viel zitierten Ratgebern nachlesen können, sind die „Antennen der Informationsaufnahme" bei Kindern, die ADS-typische Verhaltensweisen zeigen, nicht richtig eingestellt, ihre **„Kontrast-Einstellung"** ist nicht richtig **„justiert"** und die **„Kapazität des Arbeitsspeichers"** ist nicht angemessen. [51]

Macht Sie diese Sprache nicht stutzig? **Muss man sich dieser „Maschinensprache"[52] bedienen, um Wissenschaftlichkeit zu demonstrieren?** Ich denke, sie zeigt sehr deutlich, wie versucht wird, menschliches Verhalten zu erklären. In der Technik sind beobachtbare Reaktionen auf physikalische Gesetze zurückzuführen. Es gibt Spezialisten, die sich mit diesen Gesetzen auskennen.

Ein Beispiel aus der technischen Alltagswelt könnte in etwa so aussehen: Mein Computer ist langsamer als der meiner Kollegin. Das ewige Warten, bis sich die Bilder auf meinem Bildschirm aufgebaut haben, nervt mich. Ich möchte, dass das alles schneller funktioniert. Ich spüre einen gewissen Leidensdruck, aus dem ein Veränderungswunsch erwächst. Der gute Freund, den ich immer in Computerangelegenheiten zu Rate ziehe, begründet die Langsamkeit meines Rechners mit xy, empfiehlt mir z und erledigt das dann auch für mich. Hört sich einfach an. Wer jemals versucht hat,

[51] *E. Aust-Claus, 1999, S. 274; vgl. auch C. Neuhaus, 1999, S. 87*
[52] *H. Köhler, 1997, S. 156*

seinen Computer aufzurüsten, weiß, dass es dann meist doch nicht so einfach wird, wie es anfangs schien. Manchmal hat man sogar das Gefühl, dass alles viel schlimmer geworden

ist, als es vorher war. Erst wenn das System endlich stabil läuft, vergisst man den ganzen Trubel wieder. Wir sehen: Die einfache **Reiz-Reaktionskette** funktioniert nicht einmal bei einem Computer einwandfrei, obwohl wir es hier tatsächlich mit einem technischen Gerät zu tun haben. Wie soll dieses Modell dann in Bezug auf menschliches Verhalten funktionieren, das von einer Vielzahl von Einflussgrößen abhängt? Außerdem können die Faktoren, die Verhalten beeinflussen, selten so sauber voneinander abgetrennt werden, wie es in der Technik möglich ist. **Für das Verhalten ist nie allein ein Kind, die Eltern, der Lehrer oder das Schulsystem verantwortlich.**

In den Ratgebern zum ADS werden in der Regel Fallbeispiele geschildert, die etwa wie folgt aussehen:

▶▶▶▶▶▶ *Das ADS-Kind, nennen wir es Kevin, ist im Unterricht nie richtig bei der Sache. Die gestellten Aufgaben bringt er mit großer Kontinuität eben nicht zu Ende. Stattdessen beschäftigt er sich mit anderen Dingen, läuft rastlos durch das Klassenzimmer oder schaut verträumt aus dem Fenster. Die Lehrerin ist ratlos. Auch Kevin scheint unter seiner Situation zu leiden. Der Arzt, den die Eltern aufgesucht haben, stellt die Diagnose ADS und empfiehlt eine Behandlung mit Ritalin®, die dazu führt, dass Kevin mit seinen Aufgaben in Zukunft fertig wird und sich seine schulischen Leistungen wieder stabilisieren.*

Auf diesen stark vereinfachten Wirkweisen baut das ADS-Konzept auf. Sie als Leser sind jetzt vielleicht zunächst beeindruckt, dass die Geschichte eine so glückliche und klare Wende genommen hat. Bei näherer Betrachtung dieser Fallbeispiele erfüllt die Sprache eine besondere Funktion. Sie ist nicht nur als solche geringschätzig, sondern sie gaukelt dem Leser mit ihren technischen Metaphern eine Eindeutigkeit vor, die es so gar nicht gibt. Vielleicht ist Kevin ja doch sehr konzentriert bei der Sache. Aber eben bei einer anderen Sache als sie im Unterricht verlangt wird. Vielleicht überlegt er hin und her, wie es seiner Katze Tigerle wohl geht, wenn er nach Hause kommt. Er denkt: *„Tigerle hat sich in der vergangenen Nacht wohl mit einer anderen Katze aus der Nachbarschaft angelegt. In ihrem Ohr hatte sie heute Morgen einen großen Riss. Die Arme. Hoffentlich ist ihr bei dem Kampf sonst nichts passiert.“*

Am liebsten will Kevin gleich nach Hause gehen, um seinen Liebling zu versorgen. Wer sich bei dem Versuch, Kevin zu verstehen, alleine auf seine „Antennen der Informationsaufnahme" konzentriert, wird all diese Gedanken und Gefühle nicht aufdecken. **Die kindliche Welt bleibt im Verborgenen.** Obwohl sie es ist, an die die kindlichen Gefühle und damit auch die Aufmerksamkeit geknüpft sind.

Wie zweischneidig die Verwendung dieser Art von Bildern ist, zeigt die Textzeile eines Liedes von *Jochen Distelmeyer* von der Gruppe *Blumfeld*: *„Ein Bild ist wie ein Messer ein Gebrauchsgegenstand."*

Mit anderen Worten: Bilder können sehr hilfreich sein, aber man kann sich auch böse an ihnen schneiden. **Die Metaphern von Antennen und Arbeitsspeichern dürfen nicht als Spiegelbild von Wirklichkeit missverstanden werden. Das Wesentliche an ihnen ist ihre Funktion, lineare Reiz-Reaktionsketten von menschlichem Verhalten plausibel zu machen.** Diese Kette liest sich in Bezug auf unser Beispiel etwa so: Kevins Kontrasteinstellung ist nicht richtig justiert. Der Fehler wird durch ein Hilfsmittel (sprich Medikament) ausgeglichen. Als logische Konsequenz darauf kann Kevin nun wieder normal funktionieren.

Durch diese **Scheinerklärungen** ist jedoch kein tieferes Verstehen des kindlichen Verhaltens möglich. Hilfen, die auf mangelndem Verstehen aufbauen, sind von Grund auf Grenzen gesetzt. Besonders kritisch ist es, wenn die vorschnelle Hilfe Symptome verdeckt, die eigentlich Hinweise auf eine Grundproblematik des Kindes geben könnten. **Man kann auch nicht davon ausgehen, dass Verhalten so einfach steuerbar ist wie technische Geräte.** Es kommt im Prozess des Verstehens von Kindern nicht darauf an, möglichst schnell alles auf einen Nenner zu bringen, sondern zunächst die Individualität des Einzelfalls so gut es geht auszubreiten.

Wir sollten dabei hinterfragen, welchen Sinn das gezeigte Verhalten für das Kind hat. Der bekannte Kinderpsychologe *Bruno Bettelheim* sagte einmal Folgendes:

„Gleichgültig, was ein Mensch in einer bestimmten Lebenssituation auch tut, für ihn ist es das Beste, was er sich denken kann. Es mag unangemessen sein, und es mag anderen sehr dumm erscheinen, aber für den Menschen selbst ist es die beste Problemlösung, die er finden kann."[53]

Sich das bewusst zu machen, kann enormen Einfluss auf die Haltung haben, die man anderen Menschen gegenüber einnimmt. Schüler und Schülerinnen, die provozierendes oder störendes Verhalten zeigen, sind oft äußerst verletzend. Sie haben ein sensibles Gespür für unsere Schwachstellen und scheinen dies laufend einzusetzen, um unsere Wunden aufzuspüren und Salz hineinzustreuen. Wenn wir überzeugt sind, dass sie das tun, um uns zu schaden, ist die Haltung, die wir ihnen gegenüber einnehmen werden, von Verteidigung und Gegenangriff geprägt. Die Beziehung wird langsam vergiftet und eine Lösung wird immer unwahrscheinlicher, je länger sich die Beteiligten ihre Gefechte liefern. **Wer aber die Haltung einnimmt, dass das Verhalten, das uns so verletzt, einen ganz anderen Sinn für das Kind macht, dem kann es gelingen, nicht in eine Spirale von Angriff und Verteidigung zu geraten.**

Von dieser stabilen, emotional ausgeglichenen Position aus können wir versuchen herauszufinden, welchen Sinn das Verhalten macht, d.h. welches Problem dahinter liegt und wie angemessenere Problemlösungen aussehen könnten. Es ist keine einfache Aufgabe, diese Haltung zu bewahren oder zurückzugewinnen. Aber sie entspricht den Bedürfnissen des Kindes eher als der Versuch, sein Verhalten mit technischen Bildern zu erklären.

[53] B. Bettelheim & D. Karlin, 1986, S. 106

Grundpfeiler

„Aggressive Kinder wollen nicht anders und ADS-Kinder können nicht anders."

Wie ich bereits oben beschrieben habe, basiert die **Diagnose ADS** nicht auf einem organischen Befund. **Sie wird ausschließlich über die Feststellung von Symptomen gestellt, die sich im Verhalten zeigen und die als Indiz einer organischen Ursache interpretiert werden.** Damit wird dem ADS der Status einer Krankheit beigemessen. Was das bedeutet, sollen einige nun folgende Zitate verdeutlichen. Die Zitate stammen entweder aus Ratgebern zum Thema ADS oder sind Ausschnitte eines im Internet veröffentlichten Interviews.

> Meine Eltern haben jetzt auch mehr Verständnis, wenn mal was nicht so gut klappt, denn sie wissen ja jetzt, dass ich sie nicht extra ärgern will. [55]

> Die Kinder wollen sich sehr wohl ‚gut' verhalten und für sich verantwortlich sein, aber sie können leider nicht so wollen, wie sie wollen sollen. [54]

> Klar ist ihm, warum er in bestimmten Situationen austickt. „Ich kann nicht anders. Ich habe ADS", sagt er zu seinen Freunden. [58]

> Das Wichtigste ist, dass mich nicht mehr dauernd alle Leute anmeckern und sagen, dass ich mich nur nicht anstrengen will. [56]

> Die Diagnose ADHS bedeutet in erster Linie, dass es sich bei den Verhaltensweisen nicht um das Ergebnis einer fehlerhaften Erziehung handelt, sondern handfeste medizinische Ursachen dahinter stecken. [57]

[54] C. Neuhaus, 1999, S. 55
[55] F. Dietz, 1999, S. 128
[56] F. Dietz, 1999, S. 130
[57] H. G. Braun, Internetausdruck vom 15.4.2002
[58] Florians Mutter im Interview mit Niedermayer, Internetausdruck vom 15.4.2002

46

In nahezu jedem Ratgeber sind Äußerungen wie diese zu finden. Und das lässt vermuten, wie wichtig die Nachricht ist, die in ihnen steckt. Die Botschaft beantwortet die Frage, wer Schuld am Verhalten der Kinder hat. Die Antwort lautet: Niemand hat die Schuld; nicht die Eltern, nicht die Lehrer und auch nicht die Kinder selbst, denn das Kind leidet an einer Fehlfunktion im Gehirn.

Dies scheint alle Beteiligten enorm zu entlasten, auch wenn es für das Kind gleichzeitig heißt, dass es krank ist. Dass **die Funktion des Krankheitsbegriffs als Freisprecher von Schuld** so wichtig ist, zeigt aber auch, unter welchem Leidensdruck insbesondere die Eltern vor der Diagnose wohl gestanden haben. Von vielen Seiten wurde ihnen wahrscheinlich mit **Schuldzuweisungen** begegnet. Alle waren mit Ratschlägen sicherlich schnell dabei, doch keiner der Ratschläge hat wirklich geholfen. Schnell können dann Ängste aufkeimen. Ängste, schlechte Eltern zu sein, Ängste in der Erziehung versagt zu haben und alles falsch gemacht zu haben. Vielleicht macht sich Hilflosigkeit breit, obwohl man bereit ist, alles zu versuchen.

Aus der Annahme heraus, dass sich ihr Kind nur zusammenreißen müsste, es dies aber offensichtlich nicht tut, leiten Eltern, aber auch Lehrer oft ab, dass das Kind sie persönlich verletzen will, dass es widerspenstig und frech ist. Sie sind persönlich gekränkt. Nach außen gerichtet erscheinen **Ängste und Hilflosigkeit** oft in einer Haltung, die von **Verteidigung und Abwehr** geprägt ist. Das zeigt, wie sensibel und verletzbar alle Beteiligten in ihrer Entwicklung mit dem Kind schon geworden sind.

Es fällt auf, dass andere Therapieformen gegenüber der medikamentösen Behandlung zunehmend in den Hintergrund geraten, ja sogar strikt abgelehnt werden. Eine Ursache ist sicher darin zu finden, dass es z.B. im Verlauf einer Therapie bei einem Kinder- und Jugendpsychotherapeuten verglichen mit der medikamentösen Therapie weniger schnell zu sichtbaren Veränderungen der Problematik kommt. Möglicherweise spielt aber in die Ablehnung auch mit hinein, dass **andere**

Was so klar und bewiesen scheint ...

Therapieformen das Kind selbst, die Eltern und Erzieher nicht so deutlich aus der Verantwortung für das Verhalten des Kindes entlassen. So geht man beispielsweise in der Psychotherapie davon aus, dass auffälliges Verhalten eines Kindes auf unbewusste Konflikte zurückzuführen ist. Zentral ist dabei die Beziehung zwischen Eltern und Kind. Unbewusste Konflikte aufzudecken und so deren Lösung zu ermöglichen, ist das Ziel des **psychoanalytischen Prozesses**. Eigentlich geht es dabei keineswegs um Schuldzuweisungen, sondern um das **Verstehen der Gesamtproblematik** und damit auch um das Verstehen der Position der Eltern. Viele Eltern fühlen sich hier jedoch nicht richtig aufgehoben und lehnen die Psychotherapie als mögliche Hilfe für sich und ihr Kind ab. Ein Faktor, der dies noch unterstützt, mag sein, dass eine medizinische Diagnose weniger stigmatisierend scheint als eine psychiatrische.

Aber ist es wirklich nötig, dass man diese **Schwarz-Weiß-Malerei** zwischen den Standpunkten *„die Kinder können sich nicht anders verhalten"* und *„die Kinder wollen sich nicht anders verhalten"* betreibt?

Sicherlich tut es beiden Seiten gut, wenn das Verhalten des Kindes nicht als willentlich böses Verhalten verstanden wird. **Wenn die Erwachsenen das Gefühl haben, dass das Kind sie nicht absichtlich ärgern will, und darum mehr Verständnis haben, ist das schon einmal ein Schritt in die richtige Richtung.** Die Idee, das Kind könne nicht anders, weil es krank ist, unterstützt diesen Schritt. Darum wird sie wohl oft mit so großer Erleichterung angenommen. So kann Entspannung in ein oft von Kränkungen geprägtes Verhältnis zu den Erwachsenen kommen. Am Ende dieses Schrittes steht jedoch das Bild vom Kind als krankes, defizitäres Wesen.

An diesem Punkt in der Diskussion um „**Können**" und „**Wollen**" sollte erwähnt werden, dass Kinder, die ADS-typische Verhaltensweisen zeigen, auch oft zu oppositionellem Verhalten neigen. Das **oppositionelle Trotzverhalten** gilt als Verhaltensstörung. Es wird wie ADS im DSM-IV beschrieben. Kinder, die dieser Kategorie zugeordnet werden, zeigen „ein mindestens sechs Monate anhaltendes Muster von negativistischem, feindseligem und trotzigem Verhalten".[59]

---
[59] *DSM-IV, S. 130*

Dies äußert sich laut DSM konkret darin, dass die Kinder unter anderem **schnell ärgerlich** werden, sich **häufig mit Erwachsenen streiten**, andere häufig **absichtlich verärgern** oder häufig **wütend** und **beleidigend** sind. Das gleichzeitige Auftreten von zwei verschiedenen „Störungen", hier also ADS und oppositionelles Trotzverhalten, wird in der Medizin als Komorbidität bezeichnet. Für das oppositionelle Trotzverhalten wird bisher (noch) keine biologische Ursache in Betracht gezogen. Was ist nun mit diesen Kindern, bei denen beide Störungen diagnostizierbar sind? Können sie nicht anders? Wollen sie nicht anders? Oder wollen sie nicht mehr anders, weil niemand erkannte, dass sie nicht anders konnten? Was ist mit den Kindern, bei denen die Verhaltensweisen des oppositionellen Verhaltens überwiegen und die nur fünf statt der geforderten sechs Kriterien für die Diagnose ADS zeigen? Sind sie böse, weil sie anders können, es aber nicht tun? Wie Sie sehen, bewegen wir uns auf einem sehr sensiblen Feld, das mit Minen gespickt zu sein scheint. Für die ADS-Kinder wurde die ADS-Mine durch den Krankheitsbegriff entschärft. Aber was ist mit den anderen? Wenn man annimmt, dass sie nicht wollen, dann ist es doch unerlässlich zu fragen, warum sie nicht wollen.

HANDLUNGS-ALTERNATIVEN UND STRATEGIEN FÜR DEN ALLTAG

Aufmerksamkeit hat man nicht – man muss sie herstellen

Ein **zentrales Thema** des vorliegenden Buches ist die Frage, wie wir mit unaufmerksamem und störendem Verhalten umgehen können. Zunächst sollten wir uns jedoch klar machen, was gemeint ist, wenn wir von Aufmerksamkeit sprechen.
Die Feststellung, ein Kind sei unaufmerksam, verleitet zu der Annahme, dass Aufmerksamkeit eine Fähigkeit ist, die man per se hat, also im Sinne von „besitzen". Dem ist jedoch nicht so. Aufmerksamkeit muss immer wieder aktuell hergestellt, gerichtet, fokussiert werden.

Dieser Prozess der Herstellung von Aufmerksamkeit läuft nicht isoliert ab, sondern ist nur durch das Zusammenspiel verschiedener Komponenten möglich. Dazu zählen unter anderem das **Herausfiltern relevanter Reize**, das **Ausblenden von Störungen, Motivation, Gedächtnis** und die Fähigkeit, komplexe Aufgaben in kleinere Handlungsschritte zu untergliedern **(Handlungsplanung)**. Jeder einzelne dieser Faktoren trägt einen Anteil am „Endprodukt" Aufmerksamkeit.
Sich-Aufmerksam-Zeigen kann als die Fähigkeit definiert werden, Gedanken über einen bestimmten Zeitraum auf einen Reiz zu richten und dabei andere, von außen herangetragene, störende Reize auszublenden. Auch aufmerksamkeitsgestörte Kinder richten ihre Aufmerksamkeit. Die Frage ist aber, wie lange die Aufmerksamkeit diese Richtung beibehält oder wie schnell sie durch andere Reize abgelenkt wird. Wieder eine andere Frage ist, auf welche Inhalte Kinder ihre Aufmerksamkeit richten und wie gut sie in der Lage sind, dies situationsangemessen zu beeinflussen. Können sie beispielsweise ihre Aufmerksamkeit auch länger auf Themen richten, die sie wenig interessieren oder ist die Aufmerksamkeitsspanne sehr eng an ihr Interesse gebunden?

Im Folgenden möchte ich näher auf die Eigenschaften eingehen, die **aufmerksames Verhalten** bei schulischen Anforderungen begünstigen. **Dazu ein Beispiel:**

Nina, ein Kind, das altersangemessenes Aufmerksamkeitsverhalten zeigt, sitzt an einer Klassenarbeit und soll eine Bildergeschichte schreiben. Diese spielt in einem Museum, in dem Dinosaurierskelette ausgestellt sind. Was führt sie bei der aufmerksamen Bearbeitung dieser Aufgabe zu einem bestmöglichen Ergebnis? Welche Einflussgrößen spielen dabei eine Rolle?

 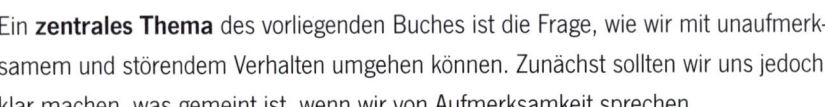

Nina kann für die Lösung solcher Aufgaben bereits auf einen eingeübten Handlungsplan zurückgreifen. Die groben Schritte in diesem Plan lauten: Die Bilder genau ansehen, die Geschichte aufschreiben, dann noch einmal lesen und auf Inhalt und Rechtschreibung hin überprüfen.

Nina muss zunächst die an sie herangetragene Aufgabe erfassen. Sie beginnt, die vor ihr liegenden Bilder genau zu betrachten und deren inhaltliche Verknüpfung zu erkennen. Dazu ist eine Anhebung des allgemeinen Wachheitsgrades unerlässlich. Nur so kann sie bei der Reizbearbeitung selektiv vorgehen und die lösungsrelevanten Reize aus der Masse der Umweltreize herausfiltern. Sie erkennt, dass es für das Verständnis der Geschichte notwendig ist zu erwähnen, dass sie in einem Museum spielt. Störfaktoren wie das nervöse Beinwackeln am Nachbartisch oder den Gedanken, dass sie den Liebesbrief von Lukas nachher unbedingt ... All diese gegenwärtigen Ablenkungen müssen so weit wie möglich ausgeblendet werden. Dieses Ignorieren von Störfaktoren kostet jedoch Energie – Energie, die nicht in unbegrenztem Maße zur Verfügung steht.

Einfluss auf diesen Filtervorgang, der auch als Afferenzsynthese bezeichnet wird, haben zwei weitere Faktoren. Dies sind **Motivation** und **Gedächtnisinhalte.**
Hoch motiviert, etwa weil sie sich von der erfolgreichen Bearbeitung eine **gute Note** und ein **dickes Lob** von den Eltern verspricht, wird Nina sich sehr genau mit der Vorlage beschäftigen, beim Betrachten auf interessante und vor allem für ihre Erzählung wichtige Einzelheiten achten. Eine geringere Motivation, die etwa durch eine niedrige Erfolgserwartung bedingt sein könnte, fördert möglicherweise ein eher nachlässiges Vorgehen.
Wenn hier von Motivation die Rede ist, soll das nicht heißen, dass sich die Kinder mit niedriger Motivation nur anzustrengen bräuchten, um bessere Ergebnisse zu erzielen. Motivation wird wie die Aufmerksamkeit von vielen Faktoren beeinflusst.

Handlungsalternativen und Strategien für den Alltag

Die Mehrzahl dieser Faktoren dürfte in unbewussten psychischen Kräften begründet sein. **Motivation ist kaum willentlich beeinflussbar.** Sind bei einem Kind Anzeichen von sehr geringer Motivation festzustellen und will man mit dem Kind an diesem Punkt arbeiten, so muss gemeinsam mit dem Kind gefragt oder regelrecht erforscht werden, warum seine Motivation so gesunken ist.
Doch nun wieder zurück zu unserem Beispiel von Nina:

Bei der Auswahl der Umweltsignale kann sie auch auf ihre Gedächtnisinhalte zurückgreifen. Vor ein paar Wochen hat die Klasse einen Ausflug in ein Naturkundemuseum gemacht. Dort waren, wie in der Bildergeschichte, Dinosaurierskelette ausgestellt. Das eine sah auch genau so aus wie auf der Zeichnung, die jetzt vor ihr liegt. Vielleicht sehen ihre Gedanken in etwa so aus: „Wie hieß der noch mal? Das war doch der gefährlichste. Ter..., Tyr..., Tyro...? Ach, ich nenn ihn einfach T-Rex, wie in dem Film von gestern."
Nachdem Nina nun die Bilder eingehend betrachtet und die Pointe am Ende begriffen hat, macht sie sich daran, ihre Geschichte aufzuschreiben. Wieder greift sie auf Gedächtnisinhalte zurück und beginnt mit einer Überschrift. Das hat sie schon gelernt: Zu jeder Geschichte gehört eine Überschrift. Sie hat auch schon eine tolle Idee. Ihre Geschichte soll „Der leckere Dinosaurierknochen" heißen. Oh je, Dinosaurierknochen!? Das Wort hat sie ja noch nie geschrieben.
Was macht sie denn jetzt. An diesem Punkt steigen Ninas Puls und ihre Atemfrequenz deutlich an. Damit steigt auch ihr Energieverbrauch. Diese körperliche Reaktion auf neue Herausforderungen nennt man auch Orientierungsreaktion. Zum Glück hat Nina ein gutes Selbstvertrauen in Bezug auf das Schreiben. Sie denkt: „Es wird schon gut gehen. Ich mache einfach Silbenklatschen und schon ist das lange Wort gar nicht mehr so ein Buchstabengewusel."

Da hat Nina anderen Mitschülern einiges voraus. Sicher gibt es einige Kinder, die sich einem so langen Wort hilflos gegenüber sehen und keine angemessene Strategie haben, um es zu bewältigen. Bei diesen unsicheren Kindern kommt es bei viel mehr Wörtern zu einer **Orientierungsreaktion** als bei Kindern, die in der Rechtschreibung sicherer sind. Ihr Energieverbrauch ist entsprechend höher als der von Nina, die viele Schreibweisen schon automatisiert hat. Das Fatale daran ist, dass diesen Kindern dann die Energie auch viel früher ausgeht. Jedem steht nur ein gewisses Maß an Energie zur Verfügung. Wie groß dieses Maß ist, mag unterschiedlich sein. Fest steht jedoch, dass die Energie entsprechend der individuell aufgewandten Anstrengung aufgebraucht wird.

Die Zeit, während der den Kindern genügend Energie zur Verfügung steht, nennt man Konzentrationsspanne. **Wird eine Aufgabe als schwierig empfunden, ist die Konzentrationsspanne kürzer.** Es gibt verschiedene Wege, wie Kinder reagieren, wenn ihnen Aufgaben als schwer zu bewältigen erscheinen. Manuel verwendet in seiner Geschichte nur Wörter, von denen er sich sicher ist, wie man sie schreibt. Sonja schreibt zu jedem Bild ein paar kurze Sätze, diese aber mit viel Sorgfalt. Stephan konzentriert sich ganz auf die Rechtschreibung. Er weiß, dass ihm das schwer fällt. Am Ende ist seine Geschichte „Kraut und Rüben", wie seine Mutter zu sagen pflegt. Jens ist total begeistert von der Geschichte. Er hat viele lustige Ideen, die er alle in seiner Geschichte unterbringen will. Er schreibt 30 Minuten am Stück. Die Lehrerin notiert unter seiner Arbeit: *„Jens, du hast tolle Ideen. Wegen der vielen Flüchtigkeitsfehler leider trotzdem nur eine 4!"*

Nina hat keine Probleme, den Anforderungen des Aufsatzes gerecht zu werden. Dennoch fühlt sie sich erschöpft und ein wenig aufgedreht, nachdem sie die Arbeit abgegeben hat. Ihr reicht jedoch die folgende große Pause, um sich zu erholen und ihre Energiereserven für die nächste Stunde aufzufüllen. Anderen Kindern reicht diese Zeit nicht. Aber das Läuten der Schulglocke signalisiert auch für sie das Ende der Erholungszeit. Der Lehrer muss also in der nächsten Stunde damit rechnen, dass die Kinder schon zu Beginn seiner Stunde nicht gleichermaßen erholt sind.

An diesem Beispiel wird deutlich geworden sein, dass **Kinder wie auch Erwachsene Aufmerksamkeit nicht einfach abrufen können.** Es gibt hier keinen Schalter wie bei einer Lampe, die an- oder ausgeschaltet werden kann. Eigentlich kennt das auch jeder von seinem eigenen Verhalten. Die eine schiebt die Steuererklärung vom letzten Jahr noch im November vor sich her und der andere putzt erst einmal die ganze Wohnung blitzblank, bevor er ein unliebsames Schreiben verfasst. Ermahnungen wie: *„Nun konzentrier' dich doch endlich"*, sind hier wenig hilfreich. Sie sind zu komplex und bergen keinen Hinweis darauf, was der erste, bewältigbare Schritt sein könnte.

Kinder bei der Herstellung von Aufmerksamkeit unterstützen

Alternativ zu pauschalen Aufforderungen können Lehrer versuchen, Schüler mit **Handlungsanweisungen in kleinen Schritten** zur Arbeit hinzuführen. Statt *„Peter, pass jetzt bitte auf!"*, könnte das wie folgt aussehen:

▶▶ *„Peter, nimm dein Buch heraus."* (Warten, bis er das gemacht hat.)
▶▶ *„Schlag es auf Seite 34 auf."* (Warten, bis er das gemacht hat.)
▶▶ *„Lies dir jetzt die Aufgabe 2 durch."*

Von diesem schrittweisen Vorgehen profitiert die ganze Klasse. Das Zergliedern komplexer Arbeitsaufträge in kleinere Zwischenschritte ist tatsächlich etwas, das gelernt werden muss. In meiner praktischen Arbeit erfahre ich jedoch, dass diese Art von planvoller Arbeitsorganisation sogar in der Mittelstufe noch ein Problem sein kann. Das fängt schon bei sehr grundlegenden Organisationsregeln an. Eine solche wäre: *„Zu Beginn jeder Stunde werden die entsprechenden Bücher und Hefte sowie das Mäppchen auf den Tisch gelegt."* Wenn das nicht gegeben ist, kommt es während der Stunde quasi zwangsläufig zu langwierigen Kramereien in Rucksäcken und Schultaschen, die wiederum viel Ablenkungspotenzial bieten.

In dem Beispiel der Schülerin Nina wurde außerdem gezeigt, dass Aufmerksamkeit in hohem Maße situationsabhängig ist. Die Situation, um die es uns in diesem Buch geht, heißt Unterricht. Aber auch Unterricht stellt je nach Organisationsform unterschiedliche Anforderungen an die Schüler. **Wer Hilfen für Kinder entwickeln will, denen es insgesamt schwer fällt genügend Aufmerksamkeit zu zeigen, sollte darum zunächst genau beobachten, in welchen Situationen es dem Kind eher gelingt, sich aufmerksam zu zeigen.**

Im nächsten Schritt muss man dann darüber nachdenken, was das **Typische an dieser Situation** ist. Wie unterscheidet sie sich von anderen, in denen sich das Kind weniger aufmerksam zeigt? Gibt es hier charakteristische Unterschiede in der Organisation von Unterricht? Bei welchen Menschen, d.h. in welchen Beziehungen treten die Probleme weniger auf? In welchen Fächern treten sie auf – in einem, in mehreren oder in allen? Solche Fragen führen manchmal zu dem Schluss, dass das Kind gerade bei jenen **Organisationsformen** besondere Schwierigkeiten hat, die Ihnen oder einer anderen Lehrerin besonders wichtig sind und die Sie für den Rest der Klasse als besonders geeignet beurteilen. Oft handelt es sich dabei z.B. um die Arbeit nach einem Wochenplan, bei der Kindern ein hohes Maß an Selbstorganisation und Selbstkontrolle zugestanden wird.

Es ist nun nicht notwendig, auf die bevorzugte Lehrform zu verzichten. Sie sollten vielmehr versuchen, die Struktur, die das Kind mit Konzentrationsproblemen am besten unterstützt, in die Arbeit mit dem Wochenplan zu integrieren. In der Regel ist das ein modifizierter Wochenplan, der sich durch stark strukturierte Arbeitsaufträge in festgelegter Reihenfolge von den anderen Plänen unterscheidet. Außerdem sollte ein **konstantes Kontrollsystem** festgelegt werden.

HANDLUNGS-ALTERNATIVEN UND STRATEGIEN FÜR DEN ALLTAG

Zwischen Verstehen-wollen und Handeln-müssen – sinnvolle Hilfen für den Umgang mit unruhigen und störenden Kindern

Pädagogische Situationen sind oft davon geprägt, dass man sehr **schnell Entscheidungen** treffen muss. Sie können sich im Kontakt mit dem Kind in der Regel nicht zurückziehen, um darüber nachzudenken, wie Sie mit einer Situation umgehen möchten. Eine Äußerung wie: *„Oh, Sabrina, du hast dich mit Sebastian gestritten? Da muss ich erst mal überlegen, was wir da machen können. Frag' mich nächste Woche noch einmal"*, ist nicht denkbar. Die Art und Weise, wie Sie auf Sabrinas Anliegen reagieren werden, leitet sich insbesondere aus Ihrer allgemeinen Haltung zum Thema „Streit unter Klassenkameraden" ab.

Das Bild von Sabrina und Sebastian spielt dabei natürlich auch eine Rolle. **Sie handeln also sehr direkt aus Ihrem spontanen Verstehen der Situation heraus.** In dem nun folgenden Teil werde ich beschreiben, welche Haltung gegenüber störendem und unaufmerksamem Verhalten günstig ist.

Es kommt im pädagogischen Alltag immer auch zu Situationen, bei denen man sich ständig im Kreis zu drehen scheint. Alle Bemühungen tragen nichts dazu bei, dass sich die Lage dauerhaft bessert. In anderen Situationen erscheinen getroffene Entscheidungen im Nachhinein fragwürdig. Manchmal machen kurze Ereignisse auch einfach nur stutzig. **Auch dazu ein kurzes Beispiel:**

Manuel besuchte die 5. Klasse, als er aufgrund seiner besonderen Schwierigkeiten beim Lesen, aber vor allem beim Rechtschreiben (LRS) das erste Mal zur Lerntherapie kam. Obwohl er schon viele frustrierende Erlebnisse in diesem Bereich gemacht haben musste, war er sehr motiviert. Außerdem war er überaus höflich und wirkte bei dem, was er erzählte, fast zu vernünftig.
Am Anfang jeder Stunde gab es die Zeit für ein Gespräch. Da Manuel direkt nach der Schule kam, hatte er immer viel zu erzählen. Einmal sagte er mit trauriger Stimme: „Wir haben heute eine Deutscharbeit zurückbekommen." Nach einer kurzen Pause fügte er hinzu: „Ohne Note, wie immer." „Traurig?" „Hm."

„Zeigst du mir die Arbeit?" Da begann Manuel zu grinsen und zog seine Arbeit aus der Tasche. Er hatte eine 3. Das lang ersehnte Erfolgserlebnis. Das viele Lernen hatte sich endlich einmal gelohnt. Stolz präsentierte er mir seine Arbeit. Ich sollte sie mir auch gleich für meine Unterlagen kopieren. Schließlich sagte ich, dass er sich sicher darauf freue, nach Hause zu gehen und die Arbeit seinen Eltern zu zeigen. Darauf erwiderte er, dass er nicht vor habe, die Arbeit seinen Eltern zu zeigen. Ich konnte das nicht glauben, fragte noch einmal nach. Aber er blieb dabei. Die Eltern sollten diese Arbeit nicht zu sehen bekommen.

Warum, das konnte er mir nicht erklären. Er werde es eben einfach nicht machen. Warum wollte er sich das Lob seiner Eltern nicht gönnen? Was hatte es für ihn für einen Sinn, sich das Auskosten seines Erfolges vorzuenthalten? Das war der Punkt, an dem ich stutzig wurde. Mit spontanem Handeln kam ich nicht weiter. Manuel konnte seine Entscheidung nicht bewusst erklären. Dennoch hatte sie sicher einen Sinn für ihn.

Haben Sie eine Idee, warum er das vorhatte? Es geht an diesem Punkt nicht um Wahrheit. Wir können nur vermuten. Sie haben so gut wie keine Informationen zu Manuel und Sie können ihn nicht einmal fragen. Ich konnte das. In der nächsten Stunde brachte ich das Thema wieder zur Sprache. Ich fragte ihn, ob er die gute Arbeit nicht hatte zeigen wollen, weil er Angst hatte. Angst, dass die Eltern jetzt immer eine 3 erwarten könnten, Angst vor einem „Na bitte, du kannst doch, wenn du nur willst!" Manuel war sich auch nicht so sicher, ob das sein Grund war, es könnte aber schon sein und außerdem habe er seinen Eltern die Arbeit ja doch gezeigt.

Unabhängig von der Tatsache, dass Manuel seinen Vorsatz doch nicht wahr gemacht hatte, war es für mich wichtig, **innezuhalten** und **ernst zu nehmen**, was Manuel mir da mitteilte. Ich entwickelte die Hypothese, dass die Ängste, die er mit seinen Worten vermutlich ausdrückte, Faktoren waren, die zur Entstehung und zur Verfestigung seiner Schwierigkeiten beigetragen hatten. Ich war damit im **Prozess des Verstehens** von Manuels Lage einen Schritt weitergekommen, auch wenn die tatsächliche Ursache seiner Probleme noch nicht aufgedeckt war.

Insgesamt geht es in diesem eher praktischen Teil also darum, wie Kindern **Halt und Orientierung** gegeben werden kann. Zum einen ist dies **grenzsetzender Halt** und zum anderen **verstehender Halt**. Prinzipiell brauchen alle Kinder beides. Es ist jedoch die Frage, welcher Aspekt überwiegt. Im Rahmen der Schule ist das sicher eher der grenzsetzende Halt. Die Mehrzahl der Kinder bekommt zu Hause den emotionalen Rückhalt, den sie benötigen, um die begrenzende Atmosphäre der Schule auszuhalten. Bei einigen Kindern ist dies leider nicht der Fall. Hier kann die Lehrerin das Kind unterstützen, indem ihr Verhalten Anteile der Familie übernimmt und sie sich dem Kind vermehrt verstehend zuwendet. Ob das bei einem Kind wichtig ist, ist unabhängig davon, ob die Diagnose ADS gestellt wurde oder nicht. Sie können zunächst versuchen herauszufinden, ob sich das Verhalten des Kindes verbessert, wenn Sie auf das Setzen und Einhalten von Grenzen besonderen Wert legen. Wenn Ihre ernsthaften Bemühungen nicht zum Erfolg führen, sollten Sie verstärkt in einen **Dialog mit dem Kind und seinen Eltern** eintreten. Dieser Dialog hat das Ziel, zu einem neuen Verständnis der problematischen Situation zu kommen.

Grenzsetzender Halt –
Vorschläge für den Unterricht

Im Folgenden geht es darum, wie wir Kindern im Unterricht grenzsetzenden Halt geben können. Mit anderen Worten, die Lehrkraft übernimmt die Aufgabe, dem Kind einen Rahmen zu geben, in dem es **Eigenverantwortlichkeit** üben kann. Diesen Rahmen benötigen alle Kinder, allerdings muss er für einige Kinder bewusst anders gesteckt werden.

Die Weite des Rahmens hängt unter anderem vom Temperament und von den Eigenschaften eines Kindes ab. **Für Kinder, die ADS-typisches Verhalten zeigen, muss der Rahmen, in dem sie Verantwortung für ihr Verhalten übernehmen können, dichter sein als für andere Kinder.** In diesem Zusammenhang sind auch die Vorschläge zu sehen, die für den Unterricht gemacht werden.
Ziel der verschiedenen Maßnahmen ist es erstens, einen **sicheren Rahmen für das Kind** abzustecken. Ein Beispiel hierfür ist das „Time-out" (s. S. 82).
Zweites Ziel der Maßnahmen ist es, die Eigenverantwortlichkeit des Kindes zu fördern und damit den eingegrenzten Rahmen langsam zu erweitern. Dies geschieht beispielsweise durch die **positive Verstärkung** von Ansätzen, in denen das Kind sich für sein eigenes Handeln verantwortlich zeigt.

Ein weiterer Faktor, der beim Setzen von Grenzen beachtet werden muss, ist das **Alter** der Kinder. Die hier vorgeschlagenen Maßnahmen eignen sich insbesondere für Kinder vor der Pubertät. Jugendliche orientieren sich zunehmend an der Gleichaltrigengruppe, während sie sich in gleichem Maße von Erwachsenen abgrenzen. Diese Entwicklung muss unbedingt berücksichtigt werden. Deutlich wird das unter anderem am Beispiel der positiven Verstärkung. Älteren Schülern ist Lob in Anwesenheit der Klassenkameraden manchmal eher unangenehm. Obwohl ihnen das Lob an sich ebenso gut tut wie jüngeren Kindern, ist es ihnen oft unangenehm, aus der Gleichaltrigengruppe hervorgehoben zu werden.

✓ Die zwei großen Fehler

Ganz grundlegend sollte man im Umgang mit Kindern zwei große Fehler vermeiden. Diese zwei Fehler sind: **zu viel reden und zu viel Emotionen.**

Wenn es um Disziplinierung, also um die Durchsetzung von Regeln geht, ist zu viel reden, diskutieren und nörgeln sehr schlecht. Die **Klarheit**, die sinnvolle Regeln eigentlich haben, wird dadurch getrübt. Es ist unumgänglich, dass es im (schulischen) Alltag Regeln gibt, die nicht diskutierbar sind. Um Missverständnissen vorzubeugen: Selbstverständlich gibt es und muss es in jeder Klasse auch Regeln geben, über die diskutiert werden darf. Die demokratische Entwicklung von Gemeinschaftsregeln ist ein wichtiges Lernfeld für alle Kinder und gewinnt mit zunehmendem Alter an Bedeutung. **Die Unterscheidung von diskutierbaren und nicht diskutierbaren Regeln ist also entscheidend für die Haltung mit der der Erwachsene Widerständen gegen Regeln begegnet.** Wenn im Folgenden Aspekte der Durchsetzung von Regeln besprochen werden, sind ausdrücklich solche Regeln gemeint, die von der Lehrkraft als nicht diskutierbar erachtet werden. Wenn Erwachsene mit Kindern über die Einhaltung solcher Regeln diskutieren, liegt dem oft die Annahme vom Kind als kleinen Erwachsenen zugrunde. Sie entspricht der Idee, dass alle Kinder von Grund auf vernünftig und selbstlos – mit anderen Worten: kleinere Versionen von uns Erwachsenen – sind. Man müsse den Kindern also nur plausibel machen, wozu die Regel gut ist, auf deren Einhaltung man gerade so drängt.

Stellen Sie sich folgende Situation vor:

Sie verkünden Ihrer Klasse gerade die Hausaufgaben. Die erscheinen den Schülern viel zu viel. Einige beschweren sich. Heute sei doch das Länderspiel gegen die Niederlande und außerdem haben sie in Deutsch ja schon so viel auf. Sie als Lehrerin zählen daraufhin die zwei unschlagbaren Argumente zur Verteidigung der Hausaufgaben auf: Erstens werdet ihr den Stoff dadurch besser lernen. Zweitens braucht ihr dieses Wissen unbedingt, wenn ihr das nächste Thema verstehen wollt. Die Schüler zeigen sich daraufhin betroffen. So etwas, dass sie daran nicht selbst gedacht haben.

Die Lehrerin hat Recht. Sie werden ihre Aufgaben natürlich gerne erledigen. Wahrscheinlich müssen Sie lachen, wenn Sie sich diese Situation bildlich vorstellen. Und dennoch scheint das Bild vom Kind als dem kleinen Erwachsenen meistens durch, wenn Erwachsene in Streitsituationen über Regeln diskutieren. *„Fabian, du musst doch einsehen, dass du dich melden musst, bevor du etwas sagen darfst. Sonst kommen die anderen ja nie zu Wort. Das ist doch ungerecht. Würdest du das gut finden, wenn jemand immer gerade das laut in die Klasse ruft, was du gerade sagen wolltest?"* Selten wird das so deutlich ausgesprochen, aber meistens steht genau das im Hintergrund.

Ein weiterer wichtiger Aspekt, der mit dem Diskutieren über nicht diskutierbare Regeln einher geht, ist, dass dem Kind die Verantwortung für Einhaltung der Regel abgenommen wird. Die Verantwortung liegt dann wieder bei dem Erwachsenen, dessen Aufgabe es nun ist, das Kind mit möglichst guten Argumenten zu überzeugen. Im besten Fall scheitert dieses Vorhaben einfach und das Kind setzt sein Regel verletzendes Verhalten fort. Leider ist es viel eher wahrscheinlich, dass sich die Situation zuspitzt und der Erwachsene in eine Spirale gerät, die über Reden, Überzeugen, Streiten und zum Schreien führen kann.

Und hier sind wir auch schon bei dem zweiten großen Fehler: **zu viel Emotionen.** Der amerikanische Psychologe und ADS-Spezialist *Thomas W. Phelan* hat es einmal ganz treffend formuliert: *„Wenn Sie ein Kind haben, das etwas tut, was Sie nicht mögen, dann regen Sie sich regelmäßig ordentlich darüber auf und Sie können sicher sein, dass es Ihr Kind für Sie wiederholen wird."*[60] Also, wenn Sie sich zu sehr über etwas aufregen, vermitteln Sie dem Kind das Gefühl, etwas wirklich Wichtiges bewirkt zu haben. Es hat damit eine Macht, mit der es natürlich experimentieren wird. Die beiden eben beschriebenen Fehler sind oft tief in unserem Verhalten verankert. Man gerät dann fast durch eine Art **Automatismus** ins emotionsgeladene Diskutieren. Es ist dann wichtig, sich genau zu beobachten und wieder zu stoppen. Es ist eigentlich völlig egal, welche pädagogischen Mittel Sie einsetzen wollen, mit zu viel Gerede und zu viel Emotionen werden Sie sehr wahrscheinlich nicht erfolgreich sein.

[60] T.W. Phelan, 1995, S. 16

✓ Lob und Anerkennung

Vielleicht erscheint es Ihnen banal, wenn ich an dieser Stelle schreibe, dass Lob für Kinder äußerst wichtig ist und zudem einen hohen **Motivations-Charakter** hat. In vielen Klassen – gerade in der Grundschule – gibt es eine gute Kultur des Lobens. Allerdings kommen oft gerade die Schüler und Schülerinnen zu kurz, die es am dringlichsten bräuchten. Kinder, bei denen es scheinbar nichts zu loben gibt, weil ihnen wenig Lobenswertes gelingt. Um Dinge, die ihnen nicht gut gelingen, werden hingegen viele Worte gemacht.

Kinder, die durch störendes Verhalten auffallen, befinden sich oft in einem Teufelskreis aus negativer Zuwendung. Dieser trägt eher dazu bei, ihr Verhalten zu verstärken, als ihnen Wege zu gewünschtem Verhalten aufzuzeigen. Dabei wird häufig übersehen, dass Lob auch eine **zuversichtssteigernde Wirkung** haben kann und es möglich ist, das Kind damit auf dem Weg zum Gelingen zu unterstützen. **Es sollte also nicht nur das Erreichen eines objektiven Endziels gelobt werden, sondern auch kleinere Fortschritte und Bemühungen.** Das gilt gerade bei schwachen Schülern. Der Begriff „Fortschritte" ist hier keineswegs auf Lerninhalte begrenzt zu sehen. Er schließt Fortschritte in der Arbeitshaltung aber auch im Sozialverhalten der Kinder ausdrücklich mit ein. Sich dessen bewusst zu sein, ist für Lehrkräfte, die mit Kindern, die ADS-typische Verhaltensweisen zeigen, sehr wichtig. Sie sollten diese Kinder **immer dann besonders loben und positiv verstärken, wenn sie Verantwortung für ihr Verhalten übernehmen**, auch oder sogar besonders, wenn es sich um „Fehlverhalten" im Sinne der Schul- und Klassenregeln handelt. Kindern mit sehr wenig Selbstvertrauen fällt es oft äußerst schwer, eigene Leistungen und Fortschritte einzuschätzen und einzuordnen. Häufig ist dies auch bei jenen Kindern der Fall, um die es in diesem Buch geht. Es ist dann ganz wichtig, dass andere Personen, wie etwa Lehrer oder Eltern, gute individuelle Leistungen des Kindes als Erfolge erkennen und bewerten. *„Eine ausbleibende positive Rückmeldung ist bei Leistungserfolgen eine Vergeudung potenzieller ermutigender Ressourcen."*[61] Lob kann beim Gelobten verschiedene positive Wirkungen haben.

---

[61] *P.H. Ludwig, 1999, S. 153*

Dazu zählen unter anderem: [62]

- ⊗ **Abnahme der Misserfolgsangst**
- ⊗ **Steigerung der wahrgenommenen Kompetenz und der subjektiven Kompetenzerwartung für zukünftige Anforderungen**
- ⊗ **Steigerung des Selbstvertrauens**
- ⊗ **Steigerung der intrinsischen Motivation, d.h. jener Motivation, die das Kind aus den positiven Aspekten der Situation selbst entwickelt und die nicht abhängig von äußeren Anreizen (Belohnung) ist**

Auch bei demjenigen, der das Lob ausspricht, zeigen sich positive Wirkungen. Beim Lobenden führt diese Art der Zuwendung zum Kind zu einer **positiveren Wahrnehmung des Kindes**.

Kinder reagieren auf Lob sehr unterschiedlich. Einige mögen es sehr überschwänglich *(„Das ist ja spitzenmäßig! Unglaublich! Wie hast du das gemacht?")*. Andere schrecken solche Formen des sehr emotionalen Lobes ab. Sie bevorzugen ein eher sachliches Lob *(„Dein Bild gefällt mir; besonders der Hund hier unten.")*. Auf jeden Fall sollten Sie möglichst konkret sagen, was ihnen gefällt.

Einige Kinder habe die Erfahrung gemacht, dass Lob immer nur in Verbindung mit Kritik oder einer nachfolgenden Forderung ausgesprochen wird. Das positive Gefühl, gelobt zu werden, wird dann von den negativen Erwartungen überschattet und kann sich nicht ausbreiten. Diese Formen des Lobens schaden nicht prinzipiell. Meistens sind Kinder offener für Kritik, wenn zuvor ihre Leistung und vor allem ihre Anstrengung gewürdigt wurden. **Das „Zweck-Lob" sollte jedoch nie die überwiegende Form bleiben.**

Bei Kindern mit äußerst niedrigem Selbstwertgefühl haben Sie sicher auch schon beobachtet, dass sie Lob häufig gar nicht annehmen können. Hier können Sie sich das so genannte **„soziale Dreieck"** [63] zu Nutze machen. Dabei erwähnen Sie die Leistung gegenüber einer dritten Person allerdings in einer Situation, in der der Gelobte die Anerkennung mithören kann.

[62] P.H. Ludwig, 1999, S. 155ff.
[63] ebenda, S. 156

Hierzu ein kleines Beispiel:

Die Lehrerin lobt Manuela, aber auch deren Tischnachbarin Svenja, indem sie zu Manuela sagt: *„Super, du kannst dir mit Svenja die Hand geben. Du hast wie sie alle Aufgaben richtig gerechnet. Ich glaube, ihr habt das beide schon ganz gut verstanden."* Es gibt eine andere Variante des sozialen Dreiecks. Dabei lobt man eine Person und erhofft sich davon auch, dass andere Mithörer sich um das gelobte Verhalten bemühen. [64] **Auch hierzu ein kurzes Beispiel:**

Die Lehrerin sitzt schon seit einigen Minuten am Pult. Lukas ist der einzige, der schon sein Buch und sein Heft auf dem Tisch liegen hat. Sie könnte nun die Klasse ermahnen und auffordern, die Materialien herauszuholen. Sie kann aber auch sagen: *„Klasse, Lukas! Du hast ja schon alles, was wir brauchen auf dem Tisch liegen."* Damit ignoriert sie unerwünschtes Verhalten und richtet ihre Aufmerksamkeit auf ein positives Modell.

Es gibt wie immer keine Garantie, dass das soziale Dreieck wie erwünscht funktioniert und alle anderen Kinder auch ihre Bücher und Hefte aus dem Ranzen holen. Aber es ist einen Versuch wert.

Herausfordernde Kinder scheinen manchmal regelrecht immun gegen die Wirkung von Lob zu sein. Geben Sie dennoch nicht auf, Gelegenheiten zu finden, in denen Sie auch diese Schüler loben können. Es ist schon ein wichtiger Schritt, überhaupt festzustellen, welche Schüler beim Loben eher zu kurz kommen. Wenn Ihnen dies in Bezug auf einen Schüler besonders auffällt und Sie das gerne ändern wollen, können Sie quasi ein Quotensystem einführen. Nehmen Sie sich bewusst vor, diesem Schüler pro Tag mindestens drei positive Rückmeldungen zu geben.

Eine andere Möglichkeit ist, dass Sie sich eine einzige Verhaltensweise aussuchen, die Sie über das Lob bekräftigen wollen. Loben Sie den Schüler immer dann, wenn er dieses Zielverhalten zeigt. Diese Begrenzung auf eine einzige Verhaltensweise führt meist eher zum Erfolg als wenn Sie sich vornehmen, ein Kind prinzipiell mehr zu loben. Zusätzlich können Sie bei Kindern, die für die soziale Verstärkung von Lob und Anerkennung wenig empfänglich scheinen, übergangsweise mit **materiellen Verstärkern** arbeiten (s. S. 91).

---

[64] *vgl. auch D. Krowatschek, 2002, S. 25*

Neben dem Lob, das ein explizit bewertendes Feedback darstellt, gibt es noch andere Möglichkeiten, gute Leistungen zu honorieren. Anerkennung kann auch durch **aufmerksames Zuhören**, durch **interessiertes Nachfragen**, durch **bekundetes Interesse**, durch **gezeigte Begeisterung**, durch einen **freundlichen Tonfall** oder einen **freundlichen Blick** gezollt werden. [65]

Unmittelbare Verhaltensrückmeldung

Die Situation:

Seit dem neuen Schuljahr hat die Klasse von **Frau Kamp** einen neuen Schüler. **Peter**, der bei ihr die 4. Klasse wiederholt, ist ihr jedoch kein unbekanntes Gesicht.

In den Pausen war er ihr schon früher aufgefallen. Wo das Leben tobt, da tobt auch Peter. Heimlich wird er von Frau Kamp „Chaos-Kind" genannt. Heute trifft dieser Name wieder besonders gut zu. Ständig fallen ihm Dinge vom Tisch, er macht seltsame Geräusche und ruft dazwischen, was Frau Kamp am meisten stört.

Frau Kamp glaubt, dass Peter sein störendes Verhalten bald aufgeben wird, wenn sie es ignoriert. Sie ist der Überzeugung, dass der Junge über sein Verhalten ihre Aufmerksamkeit auf sich lenken will. Sie möchte Peters Verhalten nicht verstärken, indem sie ihm diese Aufmerksamkeit tatsächlich zukommen lässt.

Leider hat das Ignorieren bisher in den wenigsten Fällen zum erwünschten Ergebnis geführt. Im Gegenteil: Oft eskalierte die Situation, weil sich zunehmend auch andere Schüler von Peters Verhalten gestört fühlten. In Frau Kamp entwickelt sich das Gefühl, dass sie die anderen Kinder vor Peter schützen muss.

[65] *Schoenaker, 1994, zitiert in: P.H. Ludwig, 1999, S. 153*

⊗ ‚Chaos-Kindern' klare Strukturen geben

Kinder, die sich unkonzentriert und unruhig zeigen, benötigen unbedingt **äußere Strukturen, die ihnen Halt und Orientierung geben**. Es ist darum nicht angemessen mit ihnen generell weniger streng zu sein. Etwa nach dem Motto: *„Aufgrund seines ADS kann er nichts für sein Verhalten und hat schon genug Probleme."* Im Gegenteil: Für diese Kinder ist es quasi unerlässlich, dass sie **Grenzen** spüren. Da sie selbst kaum Grenzen verinnerlicht haben, müssen diese von außen, sprich von Erwachsenen, gesetzt werden. Diese Aufgabe zu erfüllen ist oft anstrengend und ermüdend, denn solche Kinder sind scheinbar Spezialisten im Testen von Grenzen. Das mit der nötigen Portion Humor zu tragen, ist nicht immer einfach. **Die Regeln müssen klar sein und auch klar bleiben.** Lassen Sie sich nicht dazu verführen, Regeln, die einmal festgelegt wurden, durch Diskussionen mit einem Kind zu verwässern. Es ist jedoch wichtig zu überlegen, wie Sie das Kind beim Einhalten von Regeln unterstützen können.

⊗ Schnell handeln

Sicher kann es in vielen Fällen sinnvoll sein, abzuwarten, ob sich ein Kind von selbst auf eine verletzte Regel besinnt und sie in der Folge einhält. Das Problem der Kinder, um die es hier geht, ist aber ja gerade, dass ihnen das selten gelingt. Es ist unwahrscheinlich, dass Peter aus dem Beispiel oben zu dem Schluss kommt, dass es um seinen Tisch herum nun aber wirklich zu unordentlich ist und er die ganzen heruntergefallenen Sachen nun aufheben sollte. Es ist eher wahrscheinlich, dass er die Unordnung am Ende der Stunde weiter perfektioniert hat. Entschließt sich die Lehrerin nun, ihn zum Aufräumen zu bewegen, wird sie das sehr viel Energie kosten. Es ist viel zu tun und Peter hat ein großes Bedürfnis, nun in die Pause oder nach Hause zu gehen.

Es ist also wichtig, dass die Lehrkraft als diejenige, die die Grenzen setzt, schnell handelt. Auch **wenn Kinder durch ihr Verhalten den Ablauf des Unterrichts massiv stören, ist ein Abwarten nicht lange zu rechtfertigen**. Dabei sollte die Lehrkraft darauf achten, dass die Aufforderung klar formuliert ist. Sie sollte keinesfalls in einem Schwall von Hinweisen und Nörgeleien untergehen. Im oben beschriebenen Beispiel könnte die Aufforderung etwa so lauten: *„Peter, ich möchte, dass du dein Heft aufhebst."* Reagiert das Kind nicht, sollte die Aufforderung mit etwas **mehr Nachdruck** wiederholt werden. Geht die Lehrerin dabei entschlossen auf das Kind zu, merkt es, dass es ihr ernst ist, dass sie der Sache im wahrsten Sinne des Wortes nachgehen wird. **Sie verstärkt damit ihre Worte durch Handeln.** Wahrscheinlich wird Peter den Stift dann aufheben.

Falls sich ein Kind Ihrer Aufforderung regelmäßig verweigert, haben Sie als Lehrkraft eine weitere Möglichkeit. Diese besteht darin, dass Sie Ihre Aufforderung immer wieder mit den gleichen Worten wiederholen. Wie eine Schallplatte mit Kratzern[66] reagieren Sie auf die Einwände des Kindes stets mit der gleichen knappen aber deutlichen Aufforderung, ohne dazwischen etwas anderes zu sagen.

Auf den ersten Blick mag Ihnen diese Methode seltsam erscheinen. Was wird denn mit den anderen Kindern in der Zeit? Ist es den anderen Kindern gegenüber nicht ungerecht, gerade diesem Kind so viel Aufmerksamkeit zu schenken? Kostet das alles nicht zu viel Zeit, die dann für den eigentlichen Unterricht verloren ist? Das sind berechtigte Fragen, die hier oft gestellt werden. Wichtig ist, dass Sie sich vorher im Klaren darüber sind, wie wichtig Ihnen beispielsweise ein heruntergefallener Stift ist. Wenn Ordnung am Arbeitsplatz den zentralen Punkt darstellt, an dem Sie mit dem Kind arbeiten, ist ein gefallener Stift sehr wichtig.

Es ist dann erforderlich, dass Sie Ihre **Forderung stellen und durchsetzen.** Dazu ist die oben beschriebene Methode gut geeignet. Sie schont im Endeffekt Ihre Nerven und das Kind wird lernen, Anweisungen zu akzeptieren, da es weiß, dass Sie nicht nachgeben werden. Das heißt aber auch, dass **Sie versuchen, ein Kind nur zu etwas aufzufordern, wenn Sie auch bereit sind, es durchzusetzen.** Es ist ja durchaus möglich, dass Ordnung am Arbeitsplatz derzeit nicht das zentrale Thema in Ihrer Arbeit mit dem Kind ist, weil Sie sich beispielsweise auf die Regel „Der Po bleibt auf dem Stuhl" konzentrieren. In diesem Fall werden Sie vielleicht den heruntergefallenen Stift nur bemerken, mit dem kurzen Kommentar *„Oh, da ist etwas gefallen"*

---

[66] *vgl. auch D. Krawatschek, 2002, S. 116*

versehen und das sich entwickelnde Chaos sowie die spätere Aufräumaktion ertragen. Vielleicht heben Sie den Stift auch im Vorbeigehen auf und legen ihn zurück ins Mäppchen. Dabei haben Sie im **Bewusstsein**, dass das Kind dies zwar eigentlich selbst machen sollte, dass Sie mit dem Kind jedoch gerade eine andere Regel konsequent einüben und dass es für Sie momentan wesentlich weniger Stress bedeutet, dem Kind diese Arbeit abzunehmen. Bitte verstehen Sie mich nicht falsch. Ich möchte keineswegs, dass Sie übertrieben gesagt durch die Klasse gehen und die gute Putzfee spielen. Ich möchte lediglich darauf hinweisen, dass es in Ihrer Arbeit mit einem Kind, das ADS-typische Verhaltensweisen zeigt, wichtig ist Prioritäten zu setzen. **Das Kind sollte so selten wie möglich die Erfahrung machen, dass Sie es zu etwas auffordern, zu dessen Durchsetzung Sie nicht bereit sind.**

Viele Lehrer fühlen sich nicht sehr wohl, wenn sie gegenüber einem Kind immer wieder auf die Einhaltung von Regeln pochen und die Rolle einer **Kontrollinstanz** einnehmen müssen. Sicher gibt es dankbarere Aufgaben, als ständig den **Schiedsrichter** spielen zu müssen. **Es ist an diesem Punkt wichtig, sich bewusst zu machen, dass Sie als Lehrkraft diese Rolle per se haben. Gehen Sie transparent damit um.**

Einen klassischen Bereich, in dem schnelles Handeln hilfreich ist, stellt der **Gebrauch von Schimpfwörtern** dar. Wie viele und welche dieser Wörter darf ein Kind benutzen, bevor Sie eingreifen? In vielen Ratgebern ist zu lesen, dass ADS-Kinder Schimpfwörter quasi sammeln. Sexualisierte Sprache steht auf der Hitliste ganz oben. Lassen Sie sich jedoch nicht täuschen. Die Erfahrung zeigt, dass alle Kinder diese Wörter sehr wohl kennen. Die meisten benutzen sie jedoch zumindest in Anwesenheit eines Erwachsenen nicht. Wohlweislich. Es ist darum wenig hilfreich zu fragen, woher Kinder diese Wörter haben und sich mit allerlei Verdächtigungen über Eltern oder ältere Geschwister zu beschäftigen. Wichtiger ist es, **eine eindeutige und frühe Grenze** zu setzen. Es wird sonst zwangsläufig dazu kommen, dass sich andere Kinder durch die Beleidigungen persönlich verletzt fühlen – und das oft zu Recht. Im Endeffekt verbaut sich ein Kind, das mit sprichwörtlich scharfen Geschossen um sich wirft, die Möglichkeit zu wichtigen und angemessenen sozialen Kontakten. Es isoliert sich auf diese Weise zunehmend selbst. Schützen Sie das Kind, seine Klassenkameraden und nicht zuletzt sich selbst, indem Sie nicht über Schimpfwörter hinweghören, sondern die Maxime vertreten: *„Schimpfwörter: nicht in meiner Klasse.“*

⊗ Unmittelbare positive Rückmeldung

Zum schnellen Handeln gehört auch, dass Sie ein Kind, das überwiegend störendes Verhalten zeigt, unmittelbar positiv verstärken, wenn es sich erwünscht verhält. Das heißt, dass zwischen dem erwünschten Verhalten und der positiven Zuwendung Ihrerseits nicht zu viel Zeit vergehen darf. Nur so gelingt es insbesondere jüngeren Kindern, einen unmittelbaren Zusammenhang von Verhalten und Ihrer Reaktion herzustellen.

Die **positive Rückmeldung** kann in erster Linie **über Lob** geschehen (siehe „Lob und Anerkennung", S. 66). Im oben beschriebenen Beispiel besteht das Verhalten, das die Lehrerin am meisten stört, darin, dass Peter seine Antworten in die Klasse ruft, ohne sich zu melden. Beginnt die Lehrerin, ihn zu ignorieren und dieses Ignorieren auch auszuweiten auf Situationen, in denen er sich meldet, kann Peter dies so interpretieren, dass sie ihn übersieht und er nicht die Gelegenheit bekommt, zu zeigen, was er weiß. Mit dieser Interpretation liegt er ja auch ziemlich richtig. Um dem entgegenzuwirken ist es äußerst wahrscheinlich, dass er sein störendes Verhalten verstärken wird, während die Wahrscheinlichkeit, dass er sich meldet, immer geringer wird. Die Lehrerin hat jedoch die Möglichkeit, diesen Kreislauf zu unterbrechen. Sobald sich Peter einmal meldet, sollte sie sich ihm zuwenden. Am günstigsten ist es natürlich, wenn sie seine Bemühungen honoriert, indem sie seinem Wunsch, etwas zu sagen, nachkommt. Peter erfährt dann, dass er auch mit anerkannten Mitteln zum Ziel (z.B. den Unterricht mit seinem Wissen und Engagement bereichern) kommt. Zumindest sollte die Lehrerin etwas sagen wie: *„Ah, Peter, ich sehe, dass du eine Idee für die Antwort hast. Ich freue mich darüber, dass du dich meldest. Ich möchte aber erst hören, was Sarah sagen will."* Natürlich ist es Ziel der verstärkten positiven Rückmeldung, dass sie im Laufe der Zeit immer weniger notwendig wird und sich das erwünschte Verhalten beim Kind dauerhaft etabliert. Dies ist auch im Interesse des Kindes, denn die besondere Zuwendung der Lehrkraft sollte nicht zu einer **Stigmatisierung** des Kindes innerhalb der Klassengemeinschaft führen. Auf solche Effekte muss insbesondere bei älteren Kindern geachtet werden. Es ist jedoch unbedingt notwendig, die Sonderbehandlung durch positive Zuwendung für einige Zeit aufrechtzuerhalten, damit sich positive Effekte einstellen und festigen können.

Oft empfinden Erwachsene die Versuchung, dem Lob eine Bemerkung nach dem Motto: *„Na, bitte. Es geht doch. Warum nicht immer so?"* anzuhängen. Widerstehen Sie dieser Versuchung. Wenn Sie ihr nachgehen, **schmälern Sie die Wirkung Ihres Lobes ungemein und verkehren es sogar in eine Rüge**. Hinweise, wie Sie erwünschtes Verhalten materiell verstärken können, finden Sie ab Seite 91. Wie das Lob müssen auch solche Verstärker das Kind unmittelbar erreichen.

⊗ Übergänge gestalten

Besonders schwer zu bewältigen, sind für Kinder mit Aufmerksamkeitsproblemen Übergänge von einer Situation in eine andere. Das kann z.B. der Übergang von der Pause zum Unterricht oder vom gemeinsamen Unterricht zur Stillarbeit sein. **Es ist wichtig, den Kindern ganz genau und klar zu sagen, was nun von ihnen erwartet wird.** Bei der Bewältigung dieses Schrittes hin zu einer neuen Tätigkeit sind **Rituale** eine wichtige Hilfe. Das kann zum Beispiel ein **Begrüßungsspruch** zu Beginn jeder Unterrichtsstunde sein. Auch eine **gemeinsame Verabschiedung** ist sinnvoll. Einige Lehrer haben gute Erfahrungen damit gemacht, längere Phasen der Stillarbeit mit einer kurzen **Entspannungs- oder Stilleübung** einzuleiten. Sie können z.B. die Fenster weit öffnen und die Kinder anleiten einige Male tief durchzuatmen und dann **Lockerungsübungen für Schultern, Hals, Arme und Hände** zu machen. Viele der Übungen basieren auf dem Prinzip von Entspannung durch Anspannung.

Dabei werden Muskelgruppen zunächst für ca. fünf Sekunden angespannt und dann mindestens zehn Sekunden gelockert. Durch die vorherige Anspannung kann ein tieferer Entspannungszustand erreicht werden. Auf diesem Prinzip basiert auch die **progressive Muskelentspannung** (s. S. 76/77).

Es ist günstig, immer die gleichen Übungen auszuwählen. Kennen die Kinder sie erst einmal, hat diese kurze Bewegungsphase den Charakter eines Rituals. Wenn Sie mit diesen Übungen beginnen, kann es in den ersten Stunden natürlich etwas länger dauern, bis die Kinder wieder zum Arbeiten finden. **Planen Sie am Anfang also etwas mehr Zeit ein.**

Viele Kinder, die ADS-typische Verhaltensweisen zeigen, haben auffallende **Probleme in der Feinmotorik**. Abzulesen ist dies an einer krakeligen, meist großen Schrift und einer verkrampften Schreibhaltung. Die nachfolgend beschriebenen Übungen sind geeignet, die dadurch entstandenen Verspannungen zu lösen und damit das Wohlbefinden zu steigern.

Eine Lehrerin berichtet, dass sich die **Methode „Batia Strauss"** besonders eignet, um Kinder zu größerer Konzentration zu führen. Danach bewegen sich die Kinder zu Musik oder mimen sie mit. Letzten Endes muss wohl jede Lehrkraft selbst beurteilen, welche Übungen sie einsetzen möchte. Nur wenn Sie selbst hinter der Bewegungs- oder Entspannungseinheit stehen und sich bei der Durchführung sicher fühlen, wird sie auch den gewünschten Effekt haben.

Progressive Muskelentspannung

Für die Übungen sollte eine besondere Sitzhaltung eingenommen werden.
Dabei wird nicht die gesamte Sitzfläche des Stuhles genutzt.
Vielmehr befindet sich der Po nur auf dem vorderen Drittel.
Das Becken ist aufrecht und nicht nach hinten gekippt.
Beide Füße stehen ganz und etwa schulterbreit auf dem Boden.
Die Arme hängen seitlich etwa auf Höhe der vorderen Stuhlbeine hinab.

Schultern

∅ Die Schultern kräftig anheben, fünf Sekunden halten.
Dann die Arme zehn Sekunden locker hängen lassen.
Diese Übung entspannt Schultern und Nacken gleichermaßen.

∅ In der oben beschriebenen Sitzhaltung die Arme V-förmig nach
oben nehmen. Zunächst die Schultern noch unten lassen. Dann
werden die Schultern in Verlängerung der Arme langsam nach
oben, neben die Ohren bewegt und dabei eingeatmet. Danach
die Schultern wieder nach unten führen und dabei ausatmen.
Die Übung ca. 5-mal wiederholen.

∅ Schulterblätter bei seitlich herunterhängenden Armen zusam-
menziehen, als wolle man die Haut dazwischen einklemmen.
Anspannung fünf Sekunden halten. Dann die Spannung lösen
und zehn Sekunden die Entspannung erspüren.

Hals

- ⏀ Den Kopf wie in der oben beschriebenen Sitzhaltung erst gerade halten. Dann den Kopf nach rechts neigen und dort halten. Nun mit der linken Hand am Stuhlbein hinabwandern und damit die Dehnung verstärken. Die Dehnung ca. zehn Sekunden halten. Danach die Übung zur anderen Seite durchführen.

- ⏀ Den Kopf ohne Kraft zu einer Seite drehen. Die Augen Richtung Schulter senken und die Bewegung dann mit dem Kopf nachvollziehen. Danach die Augen zur Zimmerdecke richten und mit dem Kopf folgen. Die Übung 2-mal wiederholen. Anschließend das gleiche auf der anderen Seite durchführen.

Arme und Hände

- ⏀ Die Arme wie ein Bodybuilder mit Kraft beugen und die Anspannung für fünf Sekunden halten. Danach die Arme wieder locker seitlich am Körper hängen lassen und zehn Sekunden in die Entspannung erspüren.

- ⏀ Die Arme mit Kraft strecken und die Anspannung wieder fünf Sekunden halten. Danach die Anspannung lösen und zehn Sekunden entspannen.

- ⏀ Die Hände fest zur Faust ballen, die Anspannung fünf Sekunden halten, dann die Spannung lösen und zehn Sekunden die Entspannung erspüren.

Wichtig für die Bewältigung von Übergängen ist auch, dass Kinder, die in solchen Phasen besonders auffallen, genau wissen, was sie als Nächstes erwartet. Eine Situation, in der sie keine Orientierung darüber haben, ist für sie schwer zu bewältigen. Stellen Sie darum sicher, dass das weitere Vorgehen für das betroffene Kind transparent ist. Dabei kann es hilfreich sein, es direkt anzusprechen. Stellen Sie sich vor, Sie wollen in der nächsten Stunde in die Sporthalle gehen. Mit einem Schüler haben Sie die Erfahrung gemacht, dass das Aufräumen und das Aufstellen für den gemeinsamen Gang zur Turnhalle ein besonderes Problem darstellt. Er hat dann häufig Streit mit anderen Kindern, „vergisst" darüber, seinen Platz aufzuräumen und verzögert so den ganzen Ablauf. Durch Ermahnen und Drohen ist es Ihnen immer gelungen, die Situation zu regeln. Dennoch wollen Sie weniger negative Energie in diesen immer gleichen Ablauf verschwenden. Vielleicht ist es hilfreich, wenn Sie ihn am Ende der vorausgegangenen Unterrichtsphase direkt ansprechen:

„Wenn jeder seinen Tisch aufgeräumt hat, stellen wir uns an der Tür auf. Sobald dein Mäppchen und deine Hefte im Ranzen sind, kannst du dich schon mal aufstellen."

Die Verwendung des Pronomens „du" im Vergleich zur allgemeinen Ansprache mit „ihr", unterstützt das Kind darin, zu erkennen, dass es angesprochen und aufgefordert wurde.

Viele Lehrer haben gute Erfahrungen damit gemacht, Kinder, denen in solchen Situationen Struktur fehlt und die darum besonders auffallen, aktiv in die Übergangsphase einzubeziehen. Sie können in dieser Zeit beispielsweise hilfreiche Arbeiten übernehmen wie das Einsammeln von Heften oder das Wischen der Tafel. Letzten Endes müssen Sie selbst beurteilen und auch ausprobieren, was für Sie und das Kind in der entsprechenden Situation funktioniert.

Konsistenz der Regel

Die Situation:

Herr Schneider ist der Klassenlehrer in einer 3. Klasse. In der letzten Zeit gibt es immer häufiger Streitigkeiten wegen der Sitzordnung. Also entschließt er sich, das Rotationsprinzip einzuführen. Seither ändert sich alle vier Wochen die Sitzordnung. Insgesamt läuft das gut. Aber **Tatjana** macht Herrn Schneider zunehmend Sorgen.

Er weiß, dass sie sich nur schlecht konzentrieren kann. Sie gilt außerdem als hyperaktiv. Vor den Sommerferien war es ganz gut gelaufen. Damals hatte er Tatjana nach vorne neben die ruhige **Paula** gesetzt. Hier zeigte Tatjana sich wesentlich weniger abgelenkt. Sie arbeitete seitdem auch wesentlich aktiver im Unterricht mit. Tatjanas Leistungen hatten sich merklich verbessert. Nun scheinen die überwunden geglaubten Probleme wieder aufzutauchen. Was soll er tun?

⊗ Konsistenz der Regel bedeutet nicht, dass alle Regeln für alle Kinder gelten

Das entscheidende Mittel zur Überwindung von Tatjanas Schwierigkeiten hat Herr Schneider bereits im vergangenen Schuljahr entdeckt. Für sie gilt die Regel: Tatjana bringt bessere Leistungen, wenn sie vorne neben einem ruhigeren Kind sitzt. Aus scheinbarem Gerechtigkeitssinn hat er beschlossen, diese Regel zu brechen und Tatjana am Rotationsprinzip teilhaben zu lassen. Er will gar nicht damit anfangen, Ausnahmen zu machen. Schließlich müssen die anderen Kinder ja auch mitmachen und dadurch ab und zu weniger begehrte Plätze in Kauf nehmen. Darum ist das Rotationsprinzip wohl das Gerechteste.

Leider übersieht Herr Schneider dabei völlig, dass Regeln nicht für alle Kinder gleichermaßen geeignet sind. Für Tatjana ist das Rotationsprinzip eine größere Belastung als für andere Kinder. Der häufige Platzwechsel stürzt sie jedes Mal in **Orientierungsschwierigkeiten**.

Für Kinder ist ein Sitzplatz nicht einfach ein Sitzplatz. *„Ist doch egal, wo man sitzt. Hauptsache man sieht gut."* Diesen Satz gibt es in der kindlichen Welt nicht. Kinder nehmen die Unterschiede in einem Raum oft noch viel bewusster wahr. Es kann wichtig sein, wo die Fenster, die Spielecke, die Tür oder die selbst gemalten Bilder sind.

Auch wir Erwachsenen neigen dazu, uns bei allerlei Gegebenheiten **Stammplätze** einzurichten. So ergibt sich z.B. bei mehrtägigen Fortbildungen in der Regel eine feste Sitzordnung. Man fühlt sich fast in seiner Privatsphäre verletzt, wenn man an den Tisch kommt und der „eigene" Stuhl ist auf einmal besetzt. Wir neigen dazu, all das zu vergessen, wenn wir versuchen, einem Kind klar zu machen, dass es doch völlig egal sei, wo es sitzt.

Es ist nun nicht mein Anliegen, das Rotationsprinzip generell zu kritisieren. Die Mehrheit der Kinder schafft es sehr gut, sich auf die wechselnde Sitzordnung einzustellen. Einige finden es auch spannend, denn es erzeugt eine Art **Adventskalenderstimmung**. Langsam nähert man sich dem Lieblingsplatz, wie man sich durch das tägliche Öffnen einer Tür dem Heiligabend nähert. Für wenige Kinder, und zu denen zählt Tatjana, bedeutet die Unbeständigkeit des eigenen Sitzplatzes allerdings eine nur schwer zu bewältigende Herausforderung.

Die Unruhe, die diese Kinder in sich tragen, wird nicht durch ein stabiles Umfeld kompensiert, sondern durch ständig neue Orientierungsanforderungen verstärkt. Die ungünstigste Situation ergibt sich, wenn Tatjana auf einen der hinteren Sitzplätze wechselt. Dadurch hat sie die gesamte Klasse vor sich. Das bietet ein großes Feld an **potenziellen Ablenkungen**. Diese Erfahrung hat der Lehrer bereits im vergangenen Schuljahr gemacht. Und er weiß auch, dass es für andere Kinder weniger problematisch ist, sich auch auf diesen Plätzen auf den Unterricht zu konzentrieren.

Das, was für die Mehrheit der Klasse eine sinnvolle Regel ist, bedeutet für Tatjana einen Verstoß gegen die Regeln ihrer optimalen Lernbedingungen. Beide Regelkomplexe scheinen sich zu widersprechen. Darum muss sich der Lehrer entscheiden, eine Ausnahme zu machen.

Um an Tatjanas Fortschritte aus dem letzten Schuljahr anzuknüpfen, ist es dringend erforderlich, für sie wieder Regelkonsistenz herzustellen. Welche erheblichen Nachteile eine Ausnahme hier hat, konnte Herr Schneider bereits feststellen. Eine Ausnahme auf der Seite der Klassenregel ist jedoch möglich. Warum sollte Tatjana nicht einfach vom Rotationsprinzip ausgenommen werden? Vermutlich wird das für andere Kinder nicht schwer zu akzeptieren sein. **Nach meiner Erfahrung haben Kinder für Ausnahmen Verständnis.** Es ist unwahrscheinlich, dass sie nach der gleichen Sonderbehandlung streben und sich Tatjanas Verhalten anpassen werden. Auch wenn sie dieses Argument vielleicht dem Lehrer gegenüber vorbringen. Dieser sollte sich darum nicht in eine Diskussion über ungerechte Behandlung verwickeln lassen, sondern nur sachlich vertreten, dass es ihm hier wichtig war, eine Ausnahme zu machen.

✓ Time-out

Die Situation: **Frau Weber** ist Leiterin einer 3. Klasse.
Heute ist wieder ein typischer Montag Morgen.
Die Klasse ist relativ unruhig, aber **Fabian** übertrifft alle seine Klassenkameraden. Nach fünf Minuten Unterricht hat er bereits einen unüberhörbaren Streit mit seinem Tischnachbarn **Sebastian** und stapelt nun alle seine Bücher an der Grenze von „seiner" Tischhälfte.
Bei dem Versuch, sein Mathebuch von ganz unten herauszuziehen, ist der ganze Stapel umgekippt. Natürlich ist daran wieder mal Sebastian Schuld. Frau Weber verwarnt Fabian und fordert ihn auf, sich lieber am Unterricht zu beteiligen. Leider gelingt ihm das nicht. Oder zumindest nicht auf die erwünschte Art und Weise. Er ruft mehrere Male dazwischen und verstößt damit gegen eine wichtige Klassenregel.
Frau Weber reagiert, indem sie Fabian für 10 Minuten in eine Auszeit schickt. Sie sagt: „*Okay, Fabian. Das reicht. 10 Minuten Auszeit.*"
Fabian weiß, was das heißt. Leise vor sich hin motzend geht er zu dem Stuhl, der extra in der Leseecke steht, setzt sich darauf und beobachtet schmollend seine Armbanduhr. Die ersten Sekunden zählt er demonstrativ, aber sehr leise mit. Die anderen Kinder bekommen es wohl kaum mit, denn Frau Weber fährt mit dem Unterricht fort. Langsam scheint Fabian sich zu beruhigen und den Unterricht zu verfolgen. Nach 10 Minuten kehrt er zu seinem Platz zurück.

⊗ Auszeit während des Unterrichts

Die Auszeit (auch **Time-out** genannt) ist ein pädagogisches Mittel, mit dem verhindert werden kann, dass eine Situation eskaliert. Sie basiert auf dem Prinzip, dass ein Kind, das regelverletzendes Verhalten zeigt und den Unterricht damit stark stört, aus der Situation genommen wird. Es geht dann für einen festgelegten Zeitraum zu einem dafür vorgesehenen Ort. Alle Beteiligten können sich in dieser Zeit emotional wieder beruhigen. Die Auszeit tut damit der Lehrerin, dem Schüler und der gesamten Klasse gut. Wer dieses Mittel einsetzen möchte, sollte einige Regeln beachten:

Wenn Eltern bei der Erziehung die Auszeit einsetzen, schicken sie ihre Kinder meist in deren Zimmer. Für die Anwendung des **Time-out** in der Schule müssen Alternativen gesucht werden. Ich möchte darum im Folgenden einige Möglichkeiten vorstellen, die sich bewährt haben. Jeder, der mit Auszeiten arbeiten möchte, muss anhand der eigenen Gegebenheiten prüfen, welche Variante für ihn praktikabel erscheint, oder ob er neue Formen entwickeln muss.

Es ist prinzipiell möglich, Kinder für eine Auszeit auf den **Flur vor dem Klassenraum** zu schicken. Die Erfahrung hat gezeigt, dass die meisten Kinder auch dort bleiben und sich ruhig verhalten. Dennoch ist es natürlich möglich, dass sie auf den Schulhof gehen oder gar das Schulgelände verlassen, insbesondere, wenn sie emotional sehr aufgebracht sind. In diesem Zusammenhang wird auch die Frage der Aufsichtspflicht diskutiert. Einige Lehrer bevorzugen es darum, eine **Auszeit-Zone innerhalb des Klassenraumes** einzurichten, damit das Kind während der Auszeit im Klassenraum bleiben kann. Dazu kann z.B. ein Stuhl evtl. mit Tisch oder ein Sitzkissen erklärt werden.

Es ist von Vorteil, wenn die Zone im hinteren oder seitlichen Klassenbereich liegt und wenn die Sicht zu den anderen Kindern blockiert ist. Der Ort der Auszeit sollte möglichst schlicht eingerichtet sein.

Das Kind darf den Auszeit-Stuhl nicht an eine andere Stelle rücken. Auch Spielzeug darf nicht benutzt werden. Einige Lehrer erlauben es jedoch, dass das Kind unterrichtsbezogene Aufgaben erledigt. Bei älteren Schülern ist es manchmal besser, sie aus dem Klassenraum herauszunehmen.

Einige Schulen haben die Vereinbarung, dass die Schüler sich in den **Raum der Sekretärin oder der Schulleitung** setzen. Die Auszeit bei der Schulleitung kann auch eine Steigerungsform der gewöhnlichen Auszeit sein. Allerdings ist hier die Gefahr besonders groß, dass die Schulleitung ein „pädagogisches Gespräch" mit dem Kind führt. Hierdurch geht jedoch der Charakter der Auszeit verloren. **Es muss also unbedingt abgeklärt sein, dass mit dem Schüler während der Auszeit nicht gesprochen wird, weder freundlich noch ermahnend.**

Dies gilt auch für das **Time-out** im Sekretariat. Der Schüler meldet sich also im Büro und sagt, dass er für eine Auszeit da ist. Wenn die Zeit abgelaufen ist, kehrt er wieder in die Klasse zurück. Problematisch am Sekretariat als Ort für eine Auszeit ist außerdem, dass hier oft so viel los ist und so viel zu beobachten ist, dass das Kind die Auszeit eher als positiv empfindet.

Eine weitere Möglichkeit kann in Absprache mit Kollegen geschaffen werden. Dazu wird in der **Nachbarklasse** ein Stuhl mit einem Tisch bereitgestellt. Hier befinden sich auch Materialien, die das Kind während der Auszeit bearbeiten muss. Auch hier gilt die Regel, dass das Kind während der Auszeit keine besondere Zuwendung bekommt. Es ist verständlich, dass sich diese Form des Time-out bei den Kindern nicht besonders großer Beliebtheit erfreut, denn die Kinder der Nachbarklasse beobachten mit großem Interesse, wer nun an dem Tisch sitzen muss.

Kehrt ein Kind aus der Auszeit zurück, wird dies vom Lehrer, aber auch von den Mitschülern **ausdrücklich nicht kommentiert.** Es ist jedoch sehr wichtig, dass die Lehrkraft in der Lage ist, ihren Blick nach der Auszeit besonders intensiv auf positives Verhalten des Kindes zu richten und dies auch durch Lob zu verstärken.

So macht das Kind die Erfahrung, dass es nicht perfekt sein muss und dass nach einer Auszeit **keine negativen Vorbehalte** gegen es **zurückbleiben**. Es fällt ihm dann leichter, sich um positives Verhalten zu bemühen und gegebenenfalls Auszeiten zu ertragen.

Eine schwierige Situation entsteht, wenn sich das Kind weigert, in die Auszeit zu gehen oder wenn es sich dort nicht im angemessenen Rahmen verhält. Oft wird empfohlen, dann die Dauer des Time-outs zu verlängern oder zusätzliche Konsequenzen anzukündigen. Das könnte dann in etwa so aussehen: *„Entweder du gehst in die Auszeit oder du wirst nach dem Unterricht 10 Minuten nachsitzen. Du hast die Wahl."*

Diese Maßnahme ist kritisch zu beurteilen. Sie führt oft nicht zum gewünschten Erfolg. Wenn ein Kind emotional aufgebracht ist, ist es ja gerade nicht in der Lage, vernünftig über die Konsequenzen seines Verhaltens nachzudenken. In diesem Moment ist es ihm höchstwahrscheinlich egal, ob es später 10 Minuten nachsitzen muss. Sicherlich wird es sich ärgern, wenn es sich wieder beruhigt hat. Dieser Effekt ändert aber nichts mehr an der Tatsache, dass es zum Zeitpunkt des Wutanfalls Macht über einen Erwachsenen hatte.

Weigert sich ein Kind auch nach der wiederholten Aufforderung in die Auszeit zu gehen, befindet sich die Lehrkraft oft in dem Zwiespalt, dem Widerstand des Kindes nachzugeben und das Time-out nicht durchzusetzen oder mehr Druck auszuüben. Entscheidet sie sich für letzteres, wird sie von ihrer **körperlichen Überlegenheit** Gebrauch machen müssen. Im günstigsten Fall reicht es, entschlossen auf das Kind zuzugehen. Manchmal gehen die Kinder dann im 50-cm-Abstand vor einem her zur Zone der Auszeit. Der nächste Schritt wäre, das Kind von vorne an den Armen zu fassen und es zur Auszeit zu führen. Eine Sonderpädagogin, die in einer Integrationsklasse tätig war, berichtete mir einmal, dass sie einen Schüler einmal gemeinsam mit der Klassenlehrerin aus dem Unterricht trug.

Es ist allerdings nicht leicht, bei dieser Art der Durchsetzung von Auszeiten noch einigermaßen ruhig und gelassen zu bleiben. **Dies ist jedoch wichtig, damit das Kind die Auszeit nicht als Ablehnung seiner Person begreift, sondern als Möglichkeit, sich wieder zu beruhigen.** Auf keinen Fall darf sich aus Ihrem Versuch ein Kind in die Auszeit zu bringen, eine **Verfolgungsjagd** durch den

Klassenraum entwickeln! Der Schritt hin zum Handeln ist sehr wesentlich für konsequentes Verhalten, wenn mit Worten nichts erreicht wird. Prüfen Sie aber auch, ob Sie in der Anwendung der Methode immer konsequent waren. Versuchen Sie herauszufinden, ob Sie in der Vergangenheit den Fehler gemacht haben, dem Kind zu signalisieren, dass das Time-out Gegenstand von Verhandlungen sein kann.

Wenn Sie einen Schüler in eine Auszeit schicken, halten Sie sich unbedingt an die Regel, **nicht unnötig zu reden**. Sagen Sie einfach etwas wie: *„Matthias, genug ist genug. Time-out für zehn Minuten."* Sich an diesem Punkt auf Diskussionen einzulassen, ist nicht nur eine schlechte Angewohnheit. Es fordert ihn geradezu heraus, Ihr Durchsetzungsvermögen zu testen. Nach dem Motto: *„Okay, ich werde das machen, wenn Sie mich überzeugen können."*

Für die Dauer einer Auszeit gibt es eine **Faustregel. Die Minuten der Auszeit entsprechen dem Alter des Kindes.** Für ein Kind im Alter von sieben Jahren ist eine Auszeit von sieben Minuten angemessen. Im schulischen Rahmen ist diese Regel jedoch nicht gut praktikabel. Denn auf jeden Fall sollte für alle Schüler einer Klasse die gleiche Zeit gelten. Man kann auch einfach pauschal zehn oder fünfzehn Minuten wählen. Das hat den Vorteil, dass es für alle Beteiligten besser abzuschätzen ist. Kinder, die die Uhr noch nicht sicher lesen können, brauchen Hinweise wie: *„Wenn der große Zeiger auf der 4 ist, kommst du wieder zurück auf deinen Platz."*

Es ist auch möglich, **die Dauer der Auszeit** von jedem Kind in jeder Situation **selbst regulieren** zu lassen. Sie können ihm sagen, dass es erst zurückkommen soll, wenn es sich wieder beruhigt hat. Kommt ein Kind sofort wieder zurück, hat es sich in der Regel noch nicht ausreichend beruhigt, um sein Verhalten wieder ausreichend steuern zu können. In einem solchen Fall sollten Sie die Auszeit verlängern. Wenn Sie Time-outs erstmals in einer Klasse einsetzen, die damit vorher nicht vertraut war, müssen Sie damit rechnen, dass Sie in der Anfangsphase relativ häufig davon Gebrauch machen müssen. **In der ersten Zeit werden einige Kinder testen, ob Sie es auch wirklich ernst meinen.** Erwarten Sie nicht, dass die Kinder Ihnen dankbar dafür sind, dass Sie ihre Spielräume im Unterricht konsequent beschneiden. Das entspräche doch wieder zu sehr der Annahme vom vernunftgesteuerten kleinen

Erwachsenen. Wenn Sie unsicher sind, ob Sie die Phase des Testens durchstehen, sollten Sie von der Anwendung der Auszeit zunächst absehen. **Auszeiten sollten jedoch keine Dauereinrichtung werden.** Die Idee ist eigentlich, dass nach einer Phase des Testens Warnungen genügen und es nur noch selten tatsächlich zu Time-outs kommt. Wenn diese Entwicklung bei einem Schüler oder einer Schülerin nicht eintritt, müssen neue Wege beschritten werden, die sich intensiver mit der individuellen Situation des Kindes befassen (s. S. 111).

⊗ Warnen mit System

Im Beispiel von Frau Weber und Fabian verwarnt sie diesen nicht nach festen Regeln. In dieser Klasse ist lediglich das System der Auszeit etabliert. Vielleicht blieben ihre Warnungen darum auch erfolglos. **Vielen Kindern fällt es schwer, bei Erwachsenen Warnsignale wahrzunehmen und in eine Verhaltensänderung umzusetzen.** Dass etwas nicht in Ordnung ist, merken sie oft erst, wenn der Erwachsene wütend aus der Haut fährt. Nicht selten scheinen die Kinder dann aus allen Wolken zu fallen und fühlen sich ungerecht behandelt. Um diese nervtötende Prozedur möglichst zu vermeiden, ist es empfehlenswert, in der Klasse ein **ritualisiertes Warnsystem** einzurichten. Solch ein System möchte ich nun vorstellen.

Der bereits erwähnte Psychologe *Thomas W. Phelan* hat es sehr ausführlich und anschaulich in seinem Buch *„1-2-3 Magic"* beschrieben. Es richtet sich in erster Linie an Eltern. Die neueste Ausgabe enthält aber auch einen Teil, in dem er Anwendungsmöglichkeiten für den schulischen Bereich vorstellt. Leider liegt der wertvolle Ratgeber derzeit nicht in einer deutschen Übersetzung vor und ist nur im englischsprachigen Original erhältlich.

Die Kinder bekommen nach *Phelans* System **zwei Warnungen**. Die Warnungen können auch als **Erinnerungen** definiert werden. Die Regeln, an die erinnert wird, müssen also vorher bekannt sein. Von Schulanfängern abgesehen ist das ja meistens schon der Fall. Zusätzlich kann ein Plakat mit den wesentlichen Regeln gestaltet und an einer Wand des Klassenraumes angebracht werden.

Das Warnen kann in etwa so aussehen:

🕐 *„Bernd, das ist die erste Warnung."*

🕐 *„Das ist die Zwei, Nicole."*

🕐 *„Ich erinnere dich jetzt zum zweiten Mal."*

Die Warnungen können unterstützt werden, indem der Lehrer die entsprechende Zahl der Finger zeigt. Manche Lehrer müssen sogar überhaupt nichts sagen und nur die Finger zeigen, wenn das System erst einmal bekannt ist. Sehr gut eignen sich auch Bildkarten mit passenden Symbolen, die ohne viele Worte gezeigt werden können (z.B. **Es geht auch ohne Worte**, Verlag an der Ruhr, Mülheim 1999).

Für das Warnen gilt auch der Grundsatz des schnellen Handelns (s. S. 70). Diffuses Nörgeln wird von den Kindern oft nicht in der gewünschten Weise umgesetzt. Versuchen Sie, darauf zu verzichten und gleich mit der ersten Warnung zu beginnen. Sie schonen so Ihre eigenen Nerven.

Nach der dritten Warnung erfolgt eine Konsequenz. In der Regel ein Time-out oder der Entzug eines Verstärkers.

🕐 *„Lisa, das war die Drei. Nimm eine Auszeit von 5 Minuten."*

🕐 *„Das ist die Drei. Leider kein Stempel für dich."*

Phelan schlägt vor, das **1-2-3-System** vorher mit den Kindern zu besprechen. Insbesondere bei Kindern, die ADS-typische Verhaltensweisen zeigen, ist das sicher sehr sinnvoll. Ich habe jedoch die Erfahrung gemacht, dass viele Kinder auch ohne Erklärung wissen, worum es geht:

Bei einem 2-tägigen Ausflug mit 20 Mädchen der 3. und 4. Klasse waren wir (die Kinder und zwei Betreuerinnen) alle gemeinsam in einem großen Saal untergebracht. An Schlafen war da nicht zu denken. Die Kinder waren sehr aufgedreht. Das Licht war schon ausgeschaltet, alle lagen in ihren Schlafsäcken, aber das Geschnatter ging munter weiter. Ermahnungen und die Erklärung, dass wir doch am nächsten Tag früh aufstehen müssten, hatten keinerlei Wirkung. Schließlich hatte ich genug. Ich richtete mich auf und sagte mit fester Stimme: „Das ist die gelbe Karte." Es funktionierte. Die Kinder hatten begriffen, dass es mir wirklich ernst war. Eine potenzielle rote Karte kam nicht mal zum Einsatz.

Ich muss vielleicht dazu sagen, dass in dieser Gruppe kein Kind dabei war, das umfassend Verhaltensweisen, die für ADS typisch sind, zeigte. Wenn das der Fall gewesen wäre, hätte ich mir wohl eine Konsequenz für die **rote Karte** zurechtlegen müssen. Vielleicht hätte ich mich im Falle einer roten Karte einfach mit dem Kind vor die Tür des Gruppenraums gelegt.

Die Idee, auf Regelverstöße mit gelben oder roten Karten zu reagieren, ist dem **1-2-3-System** von *Phelan* sehr ähnlich. Besonders schön ist daran die Parallele zum Mannschaftssport. Alle Kinder wissen im Großen und Ganzen, wie dort Regelverstöße geahndet werden und dass man auch vom Platz gestellt werden kann. **Und:** Mit dem Schiedsrichter zu diskutieren ist gefährlich. Der **gelben Karte** kann man, wie auch im Sport üblich, eine klar ausgesprochene Verwarnung voranschicken, sodass den Kindern zwei Erinnerungen zugestanden werden, bevor eine Konsequenz eintritt.

⊗ Für welche Situationen eignet sich das Warnen mit System?

Besonders gut eignen sich alle Variationen des „Warnen mit System", wenn Sie **regelverletzendem oder anderem unerwünschtem Verhalten** von Kindern begegnen wollen. Dazu gehören beispielsweise: vergessen sich zu melden, schwätzen, andere unterbrechen oder während des Unterrichts im Klassenraum umherlaufen. Das sind so genannte **Stopp-Verhalten**.

Einem **Start-Verhalten** begegnen Sie z.B., wenn es darum geht, den Platz aufzuräumen oder mit der Stillarbeit zu beginnen. Hier möchten Sie nicht, dass das Kind etwas unterlässt, sondern **dass es mit etwas anfängt**, das Sie als wichtig erachten. Mit Warnungen werden Sie in solchen Fällen wenig erfolgreich sein, insbesondere wenn die Dinge, die das Kind tun soll, längere Zeit in Anspruch nehmen werden. Selbst wenn Sie das Kind in eine Auszeit schicken, hätten Sie damit noch nicht das erreicht, was Sie eigentlich wollten, nämlich, dass das Kind mit der Arbeit beginnt. Aufgaben, die in kurzer Zeit zu erledigen sind, etwa das Aufheben eines heruntergefallenen Mäppchens, stellen eine Ausnahme dar. Es ist dann prinzipiell möglich, das Warnen mit System anzuwenden. Andere Mittel, die nun dargestellt werden, sind hier jedoch besser geeignet.

Handlungsalternativen und Strategien für den Alltag

✓ Küchenuhren

Küchenuhren können Ihnen eine einfache Hilfe sein,
wenn es um Start-Verhalten geht. Sie funktionieren
insbesondere bei jüngeren Kindern gut. Sie sagen beispielsweise: *„Ihr müsst alle euren Platz aufräumen. Die
Schulsachen kommen in den Ranzen. Der Müll gehört in den Mülleimer.
Ich stelle die Küchenuhr auf drei Minuten. Ob ihr das in der Zeit schafft?"*

Kleine Kinder sind in der Regel gerne bereit, in diesen Wettstreit einzusteigen und
Ihnen zu beweisen, dass sie es schaffen. **Küchenuhren sind besonders geeignet,
wenn die gesamte Klasse etwas erledigen soll.** Sie können sie jedoch auch einsetzen, um die Dauer von Auszeiten anschaulicher zu machen. Wollen Sie Kinder
über den Einsatz von Küchenuhren zum Arbeiten bewegen, sollten Sie im Einzelfall
sehr genau beobachten, wie das Kind auf diese Methode reagiert. Empfindet es den
Wettlauf als eine spannende Herausforderung? Erzeugt die Küchenuhr beim Kind
so großen Druck, dass es zu Leistungsblockaden kommt? Erzeugt der Einsatz der
Küchenuhr einen zu flüchtigen Arbeitsstil? Wenn Sie die letzten beiden Phänomene
bei einem Kind befürchten oder beobachtet haben, ist der Einsatz von Küchenuhren
für dieses Kind ungeeignet und Sie sollten lieber auf andere Methoden wie etwa
positive Verstärkung zurückgreifen. Viele Kinder fühlen sich vom Ticken der Uhr
abgelenkt. Sie können in diesem Fall natürlich auch Sanduhren benutzen, die eine
passende Durchlaufzeit haben.

**Der große Vorteil dieser Methode ist, dass man mit Küchenuhren nicht dis-
kutieren kann.** Durch Nörgeln, Schimpfen oder Leiden ist bei ihnen nichts zu erreichen. Sie ticken einfach weiter. Soll die Küchenuhr regelmäßig eingesetzt werden,
muss zwischen der Lehrkraft und dem Kind bzw. den Kindern natürlich vereinbart
sein, welche **Konsequenzen** es hat, wenn die Uhr abgelaufen ist, die Arbeit jedoch
nicht oder nur teilweise erledigt wurde.

Einen Plan machen und positives Verhalten materiell verstärken

Am 18. Dezember 2002 veröffentlichten die hessische Kultusministerin *Karin Wolff* und die Vorsitzende des Elternbeirates *Sibylle Goldacker* eine **Erklärung zur gemeinsamen Erziehungsverantwortung in Schule und Elternhaus.**

Sie empfehlen darin verschiedene Möglichkeiten, wie die **Zusammenarbeit von Elternhaus und Schule** zu stärken ist. Eine Möglichkeit, „im Dialog mit allen Betroffenen – Eltern, Schülern und Lehrkräften – nach gemeinsamen Wegen zu suchen" [67], seien Erziehungspläne, die sich auf erzieherische Vorstellungen des Zusammenlebens in Lerngruppen und

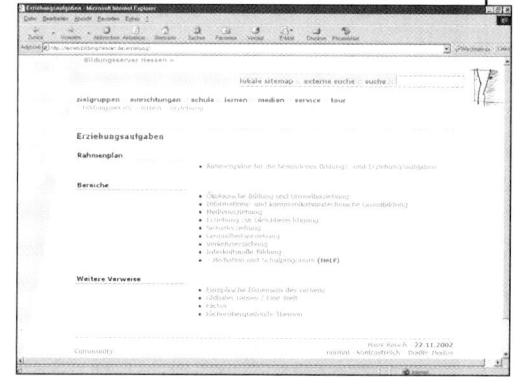

Schulgemeinden beziehen. Es ist wahrscheinlich, dass Erziehungspläne für die alltägliche Arbeit von Lehrern in der näheren Entwicklung relevanter werden.

Dennoch sind diese Pläne nichts prinzipiell Neues. Gerade im Umgang mit schwierigen Schülern finden sie schon häufig Anwendung. Allerdings werden dabei erfahrungsgemäß oft notwendige Grundregeln missachtet. Das führt dann nicht selten dazu, dass Pläne nicht den gewünschten Erfolg bringen und aus dem Repertoire der pädagogischen Mittel gestrichen werden, obwohl sie bei richtiger Durchführung sehr effektiv sein können. Bei der Erarbeitung, beim Einhalten und beim Kontrollieren von Erziehungsplänen gibt es einige Dinge, auf die unbedingt geachtet werden sollte. An folgenden **Hinweisen** können Sie sich orientieren, wenn Sie einen solchen Plan einsetzen wollen.

---

[67] *nachzulesen unter:*
http://lernen.bildung.hessen.de/erziehung/allgemein/
erziehungsverantwortung

Handlungsalternativen und Strategien für den Alltag

⊗ Vor dem ersten Gespräch

Der Erziehungsplan wird in einem gemeinsamen Gespräch mit allen Beteiligten erarbeitet. Dennoch sollten Sie sich unbedingt **vorher schon überlegen, was für Sie die wichtigsten Punkte in Ihrer Arbeit mit dem Kind sind**. Reflektieren Sie die letzten Unterrichtsstunden. Versuchen Sie, sich konkrete Situationen mit dem Kind ins Gedächtnis zu rufen. Was fällt bei diesem Kind besonders auf? Was stört Sie am meisten? Ist es die motorische Unruhe? Ist es die Tatsache, dass das Kind sein Wissen in der Regel laut in die Klasse ruft, ohne sich vorher zu melden? Wie können Sie die **Ziele**, die für Sie wichtig sind, in einem klaren Auftrag formulieren?

⊗ Gemeinsam Ziele formulieren

Im gemeinsamen Gespräch aller Beteiligten sollten diese zunächst die Gelegenheit haben, zu erläutern, wie sie die **gegenwärtige Situation** empfinden und welche **Vorstellungen über Änderungen** sie haben. Dabei sollte auch das Kind zu Wort kommen. Sehr belastend und wenig förderlich sind Situationen, in denen das Kind vor mehreren Erwachsenen sitzt und von diesen konfrontiert wird. Manchmal nutzen Eltern die Gelegenheit des gemeinsamen Gespräches, um ihren Ermahnungen und Appellen an das Kind mehr Nachdruck zu verleihen. Manchmal passiert das offen nach dem Motto: *„Siehst du, Frau xy sagt auch, dass ..."* Oft geschieht es aber subtiler, indem die Eltern im Beisein des Kindes von dessen „Schandtaten" berichten.

Stellen Sie sich vor, wie sich das Kind fühlen mag, wenn es mit lauter Erwachsenen an einem Tisch sitzt, die sich ausschließlich über es (im Gegensatz zu mit ihm) unterhalten – und das nicht gerade mit netten Worten. Ob nun Traurigkeit, Scham oder Wut überwiegen: Der Plan, mit dessen Ausarbeitung nicht einmal richtig begonnen wurde, steht gleich unter einem schlechten Vorzeichen. **Wenn Sie den Eindruck haben, dass die Beziehung zwischen Eltern und Kind sehr angespannt ist, sollten Sie vor dem gemeinsamen Gespräch, eines nur mit den Eltern führen.** Nachdem die Eltern nun ausführlicher die Gelegenheit hatten, die Situation mit dem Kind zu schildern, können Sie das Konzept des Erziehungsplanes vorstellen. Betonen

Sie dabei, dass es darum geht, **mit dem Kind Ziele zu entwickeln** und ihm auch zuzutrauen, dass es diese erreichen kann. Sie sind nach diesem Gespräch auch in der Lage, besser einzuschätzen, **welche Rolle die Eltern bei der Durchführung und Kontrolle des Plans spielen können.** Falls Sie sich unsicher sind, wie sich die Eltern-Kind-Beziehung gestaltet, können Sie in einem Telefonat vorsichtig anfragen und dann entscheiden, ob Sie lieber erst ein Elterngespräch vereinbaren wollen. Eine Garantie, dass es nicht zu einer Situation kommt, in der wie oben beschrieben *über* das Kind geredet wird, ist damit leider noch nicht gegeben. Erinnern Sie dann daran, dass sie sich ja nun getroffen haben, um gemeinsam zu überlegen, was *alle* Beteiligten in Zukunft ändern oder besser machen können.

Ist diese **Phase der Situationsbeschreibung** abgeschlossen, wird damit begonnen, die genauen **Ziele** zu erarbeiten. Aber Achtung! Weniger ist hier mehr. Das heißt am Ende des Aushandlungsprozesses sollten zwei oder maximal drei Ziele, vielleicht aber auch nur ein einziges Ziel stehen. Sich auf diesen **Schwerpunkt** zu konzentrieren und hier Fortschritte zu bewirken ist für alle Seiten oft machbar. Eine Liste von 10 Punkten erfüllen zu wollen, ist hingegen unrealistisch. Die wesentlichen Fragen sind: Welches Verhalten stellt derzeit das größte Problem für alle Beteiligten dar? Wo ist dringend Handlungsbedarf? Was wird das Kind am besten fördern? Das Motto heißt: Mut zur Lücke!

Sie müssen auch darauf achten, wie die Ziele formuliert werden. **Die Ziele sollten sachlich und leicht messbar sein.** Es macht einen großen Unterschied, ob das Ziel *„Ich melde mich, wenn ich etwas sagen möchte"* oder *„nicht mehr reinrufen"* heißt. Machen Sie sich bewusst, dass Sie an einem Punkt arbeiten werden, der dem Kind sehr schwer fällt. *„Nicht mehr reinrufen"* mag das langfristige Ziel in Ihrer Vorstellung sein. Es ist jedoch ein mehr oder weniger langer Weg, der zu diesem Ziel führt. Das Kind wird sein Verhalten nicht von heute auf morgen „abschalten" können. **Bei „Nicht"-Formulierungen besteht die Tendenz, Misserfolge zu messen.** *„Patrick hat heute zehn Mal reingerufen."* Ein Weg, der von Misserfolgen gepflastert ist, wird schnell zur Sackgasse. Alle Beteiligten verlieren den Mut und sind enttäuscht. Das Ziel *„Ich melde mich, wenn ich etwas sagen möchte"* ist günstiger formuliert. Statt der Aufforderung, etwas zu unterlassen, beinhaltet es eine klare

Handlungsanweisung. Sie ermöglicht es, den Blick eher auf die Erfolge zu richten. *„Patrick hat sich heute acht Mal gemeldet, bevor er etwas gesagt hat."*

Auch Ziele wie „nicht mit Klassenkameraden streiten" oder „immer aufpassen" sind problematisch. Sie sind **zu komplex** und es gibt **zu viele Rahmenbedingungen**, die über Erfolg oder Misserfolg entscheiden. Was soll das Kind denn tun, wenn sich eine Streitsituation ergibt? Streit ist ein Beziehungsphänomen. Nie ist nur ein Kind beteiligt. Es ist wohl auch nicht gemeint, dass das Kind sich nicht verteidigen darf, wenn es verbal oder körperlich angegriffen wird. Ein Ziel „nicht mit Klassenkameraden streiten" ist für das Kind nicht machbar. **Es kann die Verantwortung dafür nicht voll übernehmen.** Es liegt nicht allein in seiner Hand.

Weitere gute Formulierungen für Ziele in Erziehungsverträgen sind:
- ✐ *„Ich mache täglich Hausaufgaben."*
- ✐ *„Ich packe jeden Abend nach dem Essen selbstständig meinen Ranzen."*

Besonders günstig ist es, wenn das ausgewählte Verhalten jeden Tag mehrfach auftritt:
- ✐ *„Ich lege gleich am Anfang jeder Stunde die entsprechenden Hefte und Bücher sowie mein Mäppchen auf den Tisch."*
- ✐ *„Ich schreibe am Ende jeder Stunde meine Hausaufgaben in mein Hausaufgabenheft."*

⊗ Aufgaben verteilen

Wenn die Ziele formuliert sind, muss noch festgelegt werden, **wie sie kontrolliert werden sollen.** Das ist ganz wichtig. Das Ziel *„Ich mache täglich Hausaufgaben"* können beispielsweise die Eltern zu Hause oder die Lehrerin im Rahmen des Unterrichts kontrollieren. Bei anderen Zielen ist es eindeutiger. Ob Hefte, Bücher und Mäppchen auf dem Tisch liegen, kann nur die Lehrkraft kontrollieren.
Oder das Kind selbst. Es müssen klare Vereinbarungen über Erfolg und Misserfolg getroffen werden.

Das heißt: **Woran genau erkennt man, dass ein Ziel erreicht wurde?** Ist das Ziel *„Ich packe jeden Abend nach dem Essen selbstständig meinen Ranzen"* erfüllt, wenn ein Buch vergessen wurde? Es gibt hier keine Standardvorschriften. Solche Vereinbarungen sind verhandelbar, müssen aber auch verhandelt werden!

Es ist sinnvoll, in den Unterrichtsstunden vor dem Gespräch genau zu beobachten, wie häufig das Kind ein bestimmtes „Zielverhalten" zeigt, z.b. wie häufig meldet sich das Kind und wie oft ruft es vorschnell in die Klasse. Das Ziel könnte dann so formuliert sein: *„Ich melde mich, bevor ich etwas sage. Ich versuche, mich in jeder Stunde dreimal zu melden."*

Alle Beteiligten sind aktiv an der Erarbeitung der Ziele und an der Verteilung der Aufgaben beteiligt. Sie als Lehrkraft haben dabei in Ihrer Rolle eine besondere Position. In gewisser Weise besteht ein **Machtgefälle zwischen Ihnen und der Familie**. Sie müssen damit rechnen, dass die Eltern nicht unbedingt den Mut haben, Ihnen als Expertin zu widersprechen, wenn sie Einwände haben. Und dennoch werden eventuelle Bedenken der Eltern großen Einfluss auf den Erfolg des Planes haben. Dieses **Dilemma** lässt sich wohl nicht auflösen. Aber es ist wichtig, dass Sie es im Hinterkopf behalten. So können Sie beispielsweise in der Phase der Aufgabenverteilung zuerst die Eltern fragen, welche Ideen sie haben. Dabei sollten Sie die Eltern ermutigen, Bedenken in die Diskussion einzubringen.
Wenn die Ziele und Aufgaben von allen Beteiligten als realistisch erachtet werden, können alle in die Phase der Ausführung starten.

⊗ Den Plan durchführen

Um den Plan in seiner Wirksamkeit zu unterstützen, sollte mit einem Verstärkersystem gearbeitet werden. Dies wird bereits im gemeinsamen Gespräch ausgearbeitet und dann konsequent von den Beauftragten ausgeführt.
Es gibt hier potenziell zwei Möglichkeiten: positive oder negative Verstärkung.
Die praktische Erfahrung hat gezeigt, dass es ungünstig ist, die beiden Varianten **Bonus- und Sanktionssystem** zu kombinieren.

Ich habe das zum Beispiel mit einer Kombination von **„Smilies"** und **„Weinies"** kennen gelernt. Dieses Mischsystem bietet wieder mehr Diskussionsraum. Der Plan müsste dann wesentlich komplexer (sprich weniger eindeutig) formuliert werden. Die Klarheit, sich ausschließlich auf Erfolge oder auf Misserfolge zu konzentrieren, geht verloren. Auf jeden Fall müssten für beide Situationen die Konsequenzen festgelegt werden. *„Wenn zehn Smilies erreicht sind, passiert x und wenn zehn Weinies erreicht sind passiert y."*

Wenn Sie sich für eine Variante entscheiden, ist es möglich, sich voll auf die Konsequenzen eines Ergebnisses zu konzentrieren. Nehmen wir an, für einen Schüler, Patrick, wurde in gemeinsamen Gesprächen ein Plan mit drei Zielen erarbeitet.

⊘ *„Ich melde mich, bevor ich etwas sage."*

⊘ *„Ich mache täglich Hausaufgaben."*

⊘ *„Ich lege gleich am Anfang jeder Stunde die entsprechenden Hefte und Bücher sowie mein Mäppchen auf den Tisch."*

Das erste Ziel gilt jedes Mal als erfüllt, wenn Patrick sich meldet, unabhängig davon, ob er von der Lehrerin auch zu Wort gebeten wird. Er notiert sich auf einer Strichliste, wie häufig er sich gemeldet hat.

Das zweite Ziel gilt als erfüllt, wenn Patrick in jeder Stunde zeigen kann, was er zu Hause gemacht hat. Dabei ist es erst einmal nicht entscheidend, ob die Aufgaben vollständig oder richtig sind. Das dritte Ziel gilt in jeder Stunde als erfüllt, in der er alle Materialien vollständig auf dem Tisch liegen hat, wenn die Lehrerin zu ihm kommt, um nach den Hausaufgaben zu sehen.

Nehmen wir weiterhin an, die Entscheidung in Bezug auf die Verstärkung wurde zu Gunsten der positiven getroffen. Wie könnte das im oben beschriebenen Beispiel aussehen? Als Verstärkersystem haben sich Eltern, Lehrerin und Patrick etwas Besonderes ausgedacht. Patrick deponiert unter seinem Tisch ein leeres verschließbares Nudelglas. Die Lehrerin hat in ihrem Pult eine Tüte mit so viel Nudeln wie in das Glas passen (das hat sie vorher mit Patrick ausprobiert). Jedes Mal, wenn Patrick ein Ziel erreicht hat, bekommt er von der Lehrerin eine Nudel und tut sie in sein Glas. Die Nudeln für das Melden holt er sich am Ende der Stunde ab. Wenn das Glas voll ist, muss die Lehrerin z.B. für die ganze Klasse Wackelpudding mitbringen. Der wird dann gemeinsam verspeist.

Dieses Vorgehen hat verschiedene positive Aspekte:

⊗ Patrick hat gute Chancen, sich an jedem Tag Nudeln zu verdienen.
Der Erfolg wird ihn motivieren.

⊗ Patrick ist von der Wackelpudding-Idee begeistert.
Wackelpudding für die ganze Klasse, das ist sein Ziel.
Am besten sollte die Mutter noch Vanille-Soße dazu machen.

⊗ Patrick kann sich am Nudelpegel in seinem Glas anschaulich versichern, wie nah er seinem Ziel ist.

⊗ Die Nudeln, die er hat, sind ihm sicher (keine Kombination von positiver und negativer Verstärkung).
Das beruhigt ihn, denn er weiß:
„Ich muss nicht gleich perfekt sein."

⊗ Der Verstärker Wackelpudding ist für die Lehrerin leistbar.

Oft werden in Verhaltensplänen relativ aufwändige Verstärker, wie z.B. ein Besuch im Schwimmbad angekündigt. Das hat dann manchmal die Folge, dass sie zu spät realisiert werden. Wenn zwischen dem Zeitpunkt, an dem das Kind den Plan erfüllt hat und dem versprochenen Ereignis zu viel Zeit vergangen ist, verliert der Verstärkungs-Effekt deutlich an Intensität (s. S. 70).

Dennoch ist es wohl nicht die Lieblingsbeschäftigung der Lehrerin, Wackelpudding zu kochen. Wenn Patrick sehr fleißig (im Sinne des Plans) ist, kann sie humorvoll etwas sagen wie: *„Meine Güte Patrick, das ist ja schrecklich, wie fleißig du bist. Ich habe eigentlich gar keine Lust, schon wieder Wackelpudding zu machen."* Das findet Patrick bestimmt prima.

Handlungsalternativen und Strategien für den Alltag

⊗ Der Verstärker „*Wackelpudding für die ganze Klasse*" bringt zusätzlich eine soziale Komponente ein. Patrick tut etwas, das der ganzen Klasse zugute kommt. Der Verstärker wird dadurch noch wirksamer.

Die kritischen Punkte sind:

⊗ Traut die Lehrerin sich zu, Patricks Verhalten immer zeitnah zu verstärken? Das heißt: Nimmt sie sich in jeder Stunde Zeit, um seine Hausaufgaben kurz anzusehen und seine Meldungen mit Nudeln zu honorieren? Auch den Wackelpudding sollte sie am Tag, nachdem Patricks Nudelglas voll ist, mitbringen.

⊗ Schafft es die Lehrerin, die Ziele sachlich und ohne zu viel Emotionen zu kontrollieren, auch wenn sie nicht erreicht wurden?

⊗ Gelingt es den Eltern, Absprachen bezüglich der Hausaufgabensituation einzuhalten?

⊗ Was ist, wenn die Wackelpudding-Idee bei Patrick nicht auf so große Begeisterung stößt? Dann ist die Idee ungeeignet. Da hilft auch kein Diskutieren. Patrick muss ein echtes, also emotional hoch besetztes und kein „vernünftiges" Ziel haben!

Bei einigen Kindern funktioniert scheinbar ein System von Sanktionen besser. Es ist allerdings schwieriger, im Rahmen von Schule und Unterricht **authentische Sanktionen** zu finden. Dass die Lehrerin die Eltern benachrichtigt, wenn etwas zu sanktionieren ist, halte ich für sehr ungünstig. **Ziele, die im Rahmen der Schule erreicht werden sollen, sollten auch unbedingt in der Verantwortung von Schüler und Lehrerin bleiben und nicht auf die Eltern übertragen werden.** Die haben sonst die ungünstige Position, ihr Kind für etwas zu strafen, das sie gar nicht mitbekommen, sondern nur über die Lehrerin erfahren haben. Kindern, denen es ihrem Temperament nach schon schwer fällt, die Konsequenzen ihres Verhaltens abzuschätzen, wird genau das über diesen Umweg noch einmal erschwert.

Ich möchte also für die negative Verstärkung ein Beispiel geben, in dem Patrick und seine Eltern beteiligt sind. Nehmen wir an, für Patrick wurde das Ziel „*Patrick packt jeden Abend nach dem Essen selbstständig seinen Ranzen*" vereinbart.

Das Ziel gilt als erreicht, wenn er nach einmaliger Aufforderung durch die Mutter oder den Vater seinen Ranzen packt. Das heißt die Eltern sind auch die Personen, die über Erfolg oder Misserfolg urteilen. Für jede weitere Erinnerung, die Patrick benötigt, werden ihm 10 Minuten von seiner Fernsehzeit abgezogen. Eigentlich darf er nach dem Abendessen mit seinen Geschwistern noch 60 Minuten fernsehen. Bevor Patrick seinen Ranzen gepackt hat, ist Fernsehen tabu.

Ganz wichtig ist, dass die Eltern zwischen ihren Erinnerungen nicht versuchen, auf Patrick einzureden und ihn davon zu überzeugen, dass er jetzt wirklich seinen Ranzen packen sollte. Stattdessen erinnern sie ihn in regelmäßigen Abständen. Dabei stellen sie auch sachlich fest, wie viel von seiner Fernsehzeit noch übrig ist. Aufgabe der Lehrerin wäre es in diesem Beispiel, die Eltern gegebenenfalls beratend zu unterstützen und Rückmeldung darüber zu geben, ob Patrick seine Materialien dabei hat. **Ein deutlicher Nachteil von Sanktionen gegenüber positiver Verstärkung ist, dass Strafen das Selbstbewusstsein von Kindern eher kränken.**

Damit sie wirken, müssen sie dem Kind gegenüber jedoch sehr deutlich vertreten werden. Wichtig ist auch, dass kurz und sachlich (z.B. durch Berufung auf die Vereinbarung im Plan) klar gestellt wird, für welches Verhalten das Kind sanktioniert wurde. **Wenn es gelingt, die Sanktion ohne zu viel Emotionen und zu viel Nörgelei durchzusetzen, kann der kränkende Anteil gering gehalten werden.**

⊗ Den Plan reflektieren und überarbeiten

Am besten vereinbaren Sie gleich am Ende des ersten gemeinsamen Gespräches, wann Sie sich erneut treffen wollen. Thema bei diesem Gespräch ist es dann, darüber nachzudenken, wie die Umsetzung des Plans bisher funktioniert hat. Es geht also um folgende Fragen: Was hat gut geklappt? Was hat nicht gut geklappt? Gab es Situationen, die besonders kritisch waren? Müssen Ziele überarbeitet werden? Wenn ja, welche? **Nur wenn alle Beteiligten den Plan ernst nehmen, kann er zum Erfolg führen.** Der gemeinsame Austausch über die gesammelten

Handlungsalternativen und Strategien für den Alltag

Erfahrungen ist ein deutliches Signal: „*Die Sache ist uns wichtig.*" **Am Ende des zweiten Gespräches sollte eine überarbeitete Fassung des Plans stehen.** Es kann aber auch sein, dass Veränderungen nicht nötig geworden sind, weil der Plan für alle Beteiligten gut funktioniert hat.

In einigen Schulen wird die Arbeit mit Plänen fast schon inflationär betrieben. Nicht selten geschieht dies auf Kosten von Durchführungsqualität und Kontrolle der einzelnen Pläne. Verliert die Lehrkraft selbst den Überblick, wer für was mit welchen Verstärkern belohnt werden soll, bleibt der Erfolg oft aus oder hält nur sehr kurzzeitig an. Vergessen Sie nicht, dass der Einsatz eines Planes eine **Sonderbehandlung** ist und auch sein sollte. Überlegen Sie sich gut, welche Ziele bei welchem Kind Sie mit einem Verstärkerplan erreichen wollen.

Verstehender Halt –
In den Dialog eintreten

Alle oben beschriebenen Vorschläge haben sich in der Praxis für den Umgang mit Kindern, die sich besonders unruhig und unaufmerksam zeigen, bewährt. Dennoch sind sie **keine Patentlösung**. Es kann natürlich vorkommen, dass sich an der problematischen Situation mit einem Kind wenig ändert. In einem solchen Fall sollten Sie zunächst kritisch überprüfen, ob Sie sich bei der Durchführung der Methoden an die wesentlichen Regeln für ihr Gelingen gehalten haben. Sind Sie vielleicht den Fehlern, zu viel zu reden oder zu viel Emotionen ins Spiel zu bringen, ins Netz gegangen (s. S. 64)?

Wenn dies alles nicht der Fall ist, das Kind jedoch an seinem störenden Verhalten festhält, sollten Sie in eine neue, **intensivere Form des Dialoges** mit dem Kind und dessen Eltern eintreten. Sie befinden sich nun offensichtlich in einer Situation, in der Ihr Bedürfnis, die Klasse erfolgreich zu unterrichten, im Widerspruch zu starken Bedürfnissen dieses Kindes steht. Es besteht hier die Gefahr, dass Sie sich mit dem Kind in einem Kampf um Sieg (Durchsetzung Ihrer Bedürfnisse) und Niederlage (Durchsetzung der Bedürfnisse des Kindes) verwickeln. **Ziel des Dialoges ist es, aus dem Dualismus von Sieg und Niederlage herauszutreten und herauszufinden, was das Spezielle an diesem Kind und an Ihrer Beziehung zu ihm ist.** Ergebnis dieses Dialoges sollte ein anderes Verständnis der Problematik und/ oder neue Möglichkeiten, mit ihr umzugehen, sein.

✓ Werden Sie sich Ihres eigenen Standpunktes bewusst

Problematisches Verhalten hat nie nur eine Seite. Es schwebt nicht im luftleeren Raum. Zu jedem störenden Verhalten gehört auch jemand, der sich gestört fühlt. **Beide Seiten haben Einfluss auf die Aufrechterhaltung oder Lösung des Problems.** Selbst diese zweidimensionale Perspektive (Störer – Gestörter) muss noch als verkürzt betrachtet werden. So sind Sie beispielsweise nicht einfach Lehrerin. Sie sind Lehrerin mit einer eigenen Geschichte, mit eigenen Erfahrungen, in einer bestimmten Schule, in einem bestimmten Schulsystem, mit bestimmten Kollegen, in einer bestimmten Klasse mit bestimmten Schülern. Ebenso sind alle Schüler eingebunden in ein großes System, das sich in Teilen mit dem Ihren überschneidet.

Dem entsprechend gibt es auch viele Perspektiven, die man auf ein besonderes Problem haben kann. **Werden Sie sich bewusst darüber, welchen Standpunkt Sie einnehmen und überlegen Sie dabei auch, welche anderen Sichtweisen möglich sind.** Versuchen Sie herauszufinden, welche Perspektive das Kind, mit dem Sie in einem bestimmten Problem verstrickt sind, haben könnte. Auf diese Weise können Sie einen **Ausweg aus einem linearen, mechanistischen Ursache-Wirkungs-Denken** finden. Dieses wurde bereits in Bezug auf das medizinische Modell des ADS kritisiert. Zwar lassen sich auch daraus Handlungsschritte ableiten – etwa die medikamentöse Behandlung von Kindern, die durch die Diagnose zu ADS-Patienten wurden – die Möglichkeit, Handlungsalternativen zu entwickeln, wird jedoch bedeutend eingeschränkt. Ein Scheitern „der einzig wahren Behandlung" führt danach in eine **Sackgasse.** Wenn Sie jedoch akzeptieren, dass es viele mögliche Perspektiven auf ein Problem gibt, eröffnen sich Ihnen eine ganze Reihe möglicher Erklärungen für ein bestimmtes Verhalten, diese Erklärungen bieten wiederum viele Ansatzpunkte für Veränderungen.

Richten Sie Ihren Blick auf positive Ausnahmen

Um Zugang zu einer neuen Perspektive zu bekommen, können Sie beispielsweise eine Kollegin, mit der Sie sich gut verstehen, bitten, einmal in Ihrem Unterricht zu **hospitieren**. Aufgrund der oft schlechten Rahmenbedingungen, die von dicht gefüllten Stundenplänen geprägt sind, bedeutet das in der Regel großen organisatorischen Aufwand und kann nicht besonders häufig eingesetzt werden. Wenn Sie jedoch das Gefühl haben, sich mit einem Kind ständig im Kreis zu drehen, wenn Sie den problematischen Verlauf sich ständig wiederholender Situationen treffsicher vorhersagen können, die Probleme also **chronisch** geworden sind, dann kann es sinnvoll sein, diesen Aufwand auf sich zu nehmen. Die Kollegin sollte dann den laufenden Unterricht und Ihre Interaktion mit einem speziellen Kind vor allem **mit Blick auf positive Situationen** betrachten. Diese Situationen wird sie als Außenstehende eher erkennen, da sie mit dem Kind nicht in gleichem Maße problematisch verstrickt ist.

In ihrer Rückmeldung an Sie sollte die Kollegin dann weniger versuchen zu erklären, wie oder warum es zu Verhaltensauffälligkeiten während des Unterrichts kommt. Dieser Zugang versperrt oft den Blick für Lösungen, weil die Aufmerksamkeit auf das Problem fokussiert bleibt. **Hilfreich ist es hingegen, Situationen festzuhalten, in denen Ausnahmen vom Problem sichtbar werden.** Suchen Sie auch in Ihren eigenen Erinnerungen nach Situationen, in denen das problematische Verhalten nicht auftrat. Sie werden mit Sicherheit fündig.

Haben Sie mit Hilfe Ihrer Kollegin erst einmal positive Ausnahmen entdeckt, können Sie in einem zweiten Schritt darüber nachdenken, wie sich die beiden Situationen unterscheiden. Diese Unterschiede bieten oft Hinweise für Veränderungen, die zur Problemlösung beitragen können. Wie kann es gelingen, Ausnahmen mehr in den Vordergrund zu rücken? Was kann ich dazu beitragen, dass mehr positive Ausnahmen möglich sind? Lösungen, die Sie auf diesem Weg finden, sind erfolgversprechend, weil sie darauf basieren, dass Sie selbst die Veränderung in der Hand haben. **Eine andere Person ändern zu wollen, ist immer schwierig**, insbesondere wenn man davon ausgeht, dass das Verhalten für diese Person eine angemessene Reaktion auf die entsprechende Situation darstellt.

✓ Lösen von der Idee des bösen Vorsatzes ...

Lösen Sie sich von der Idee des bösen Vorsatzes und erkennen Sie an, dass das Verhalten eines Kindes eine für es angemessene Reaktion auf die Situation ist. Bereits an anderer Stelle habe ich beschrieben, dass es wenig hilfreich ist, das Verhalten eines Kindes als böswillig gegen Sie persönlich gerichtet zu interpretieren. Wenn Sie Ihren Standpunkt für sich geklärt haben, fällt es Ihnen vielleicht leichter, sich von der Idee des bösen Vorsatzes zu lösen. **Jedes Kind nimmt die Situation aus einer eigenen Perspektive wahr. Aus seiner Perspektive sind seine Handlungen angemessene Reaktionen**, d.h. sie machen in der von ihm so wahrgenommenen Situation Sinn.

Es lohnt sich, über diesen **subjektiven Sinn** nachzudenken. Die Möglichkeiten sind hier sehr vielfältig, aber nicht jede ist in gleichem Maße nutzbar. Auf die Geschichte des betroffenen Kindes oder auf seine Physiologie beschränkt, kommen Sie möglicherweise zu Ergebnissen, die sich als Ansatzpunkte für Änderungen wenig eignen. Ihre Einflussmöglichkeiten sind hier sehr begrenzt. Sehr hilfreich für Veränderungen haben sich Erklärungen erwiesen, die von ihrer momentanen Situation mit dem Kind ausgehen. Vielleicht verwundert es Sie, dass Sie aufgefordert werden, möglichst viele verschiedene Erklärungen in Betracht zu ziehen. Aber beim Aufspüren von Erklärungen für auffälliges Verhalten geht es nicht darum, eine objektive Wahrheit aufzudecken. **Die Probleme sind vielschichtig und eine einzige Ursache im Sinne einer Wahrheit gibt es wohl kaum. Die Frage ist aber, ob eine gefundene Ursache brauchbar für Veränderungen ist.**

Es gibt verschiedene Techniken, wie Sie hilfreiche Erklärungen entdecken und für Veränderungen nutzen können. *Alex Molnar* und *Barbara Lindquist* haben sie in ihrem Buch *„Verhaltensprobleme in der Schule – Lösungsstrategien für die Praxis"* zusammengefasst. Mit vielen Falldarstellungen und Übungsanleitungen erleichtern sie es dem Leser, diese Techniken in der eigenen Praxis anzuwenden. Kernpunkt ist es, aus eingefahrenen Routinen, die in der problematischen Situation wie automatisch immer wieder abgespult werden, auszubrechen und positive Aspekte im problematischem Verhalten zu entdecken und dort anzusetzen.

✓ Externalisieren

Eine Möglichkeit, mit dem Kind in einen Dialog zu kommen, ist die Methode der Externalisation. Wie diese aussieht, wird im folgenden Beispiel dargestellt.

Die Situation:

Pascal spielt heute den Klassen-clown. Er ahmt ständig die Lehrerin, **Frau Körber**, nach, die bemüht ist, Ruhe in die Klasse zu bringen. Das ist schon schwer genug, denn das Unterrichtsthema ist Sexual-kunde. Da kann sie Pascals Einlagen gar nicht gebrauchen. Zumal die ganze Klasse begeis-tert von seinen Bienchen-und-Blümchen-Witzen ist.

Wenn das so weiter geht, wird sie mit dem Thema bis zum Ende der Woche nie fertig sein. Dennoch kennt Frau Körber Pascal schon lange genug, um zu wissen, dass Ermahnungen gar nichts nutzen werden. Dann wird er sauer und antwortet mit trotzigen Sprüchen wie:

„Nie kann man mal einen Scherz machen."

Nörgeln und argumentieren macht also alles nur noch schlimmer. Zum Glück hat sich Frau Körber vorgenommen, heute schnell auf Pascals Verhalten zu reagieren. Sie ist noch relativ gelassen, als sie Pascal fragt: *„Pascal, da scheint ja heute ein großer Clown in dir zu stecken. Was glaubst du denn, wie lange der Besuch des Clowns in dir noch dauern wird?"* – *„Der übernachtet heute bei mir."* – *„Und wie lang braucht er für seine Show? Ich bin mir nicht sicher, wie lang wir als Klasse Zeit haben, um dem Clown zuzuschauen."*

⊗ Was beim Externalisieren zu beachten ist

In diesem Beispiel hat Frau Körber auf die Methode der Externalisation zurückge-griffen. Sie basiert auf der Idee, **eine Distanz zwischen dem problematischen Verhalten und dem Kind aufzubauen**, indem das Verhalten einer imaginären Person zugeschrieben wird. Es kann dann auch gemeinsam ein Spitzname für das Problem gesucht werden. Etwa „Bumbum, der Krachmacher" oder „Hajo, der Clown". Das Problem und die Person werden also über den Weg der Sprache getrennt. **Damit kann erreicht werden, dass Kritik an diesem Verhalten vom Kind nicht als Ablehnung der eigenen Person begriffen wird.**

Der Lehrerin im Beispiel gelingt es so, Pascals Verhalten anzusprechen, ohne dass er gleich in seine **trotzige Verteidigungshaltung** gerät. Der Charakter ihres Einwandes ähnelt einem **Rollenspiel**. Das macht es Pascal leichter, sich darauf einzulassen. Natürlich gibt es keine Garantie, dass die Unterhaltung den Effekt hat, dass Pascal sich für den Rest der Stunde zusammennehmen kann. Dennoch bietet diese Inter-vention die Möglichkeit, auf ihr aufzubauen. Gemeinsam kann besprochen werden, in welchen Situationen es dem Kind gelingt, den unerwünschten Dritten zu besiegen. In welchen gelingt das nicht so gut und wie können sie die fremde Person gemein-sam austricksen? So kann die Lehrerin zum Beispiel in einem Gespräch mit Pascal geheime Zeichen vereinbaren. Am besten ist dieses Zeichen ein nonverbales, also eine Geste, die vielleicht sogar mit einem körperlichen Kontakt einhergeht. Immer, wenn Pascals Clownerie überhand nimmt, gibt die Lehrerin Pascal dieses Zeichen.

Er weiß dann, dass der Clown momentan unerwünscht zu Besuch ist. **Mit dieser Methode traut der Erwachsene dem Kind zu, dass es den unruhigen Teil von sich zumindest für einen gewissen Zeitraum kontrollieren kann.** Es ist auch möglich, mit Pascal zu vereinbaren, dass er eine freiwillige Auszeit nehmen kann, wenn er das Gefühl hat, den Clown gerade nicht kontrollieren zu können.

Die Methode der Externalisation ist besonders für Kinder im **Grundschulalter** geeig-net, da der Charakter des Rollenspiels ihrem eigenen freien Spiel noch sehr entgegen kommt. Sie kann besonders gut bei Clownerie oder bei häufigen Wutausbrüchen eingesetzt werden. Sehr wichtig ist, dass die Externalisation **frei von Zynismus oder Ironie in Worten und Gesten** des Erwachsenen vermittelt wird. Jugendliche empfinden die Idee einer fremden Person, die in ihnen steckt oft eher befremdlich oder gar beängstigend. Einige nehmen jedoch Angebote zur Externalisation sehr gut auf, weil sie sich entlastet fühlen, ihnen aber dennoch zugetraut wird, ihr eigenes Verhalten kontrollieren zu können.

✓ Gespräche mit den Eltern – eine gemeinsame Schatzsuche

Eltern sind Experten für die Erziehung ihrer Kinder. Sie haben in der Entwicklung mit ihrem Kind schon viel ausprobiert und einen ungemeinen Schatz an Erfahrung gesammelt. Diesen Schatz gemeinsam zu heben, ist ein **sinnvolles Ziel für Gespräche** zwischen Lehrkraft und Eltern. Regen Sie sie an, darüber nachzudenken und zusammenzutragen, was sie in der Erziehung des Kindes schon ausprobiert haben. Sammeln Sie vor allem Ansätze, die zum Ziel führten. **Mit welchen Mitteln waren die Eltern oder Sie selbst bisher erfolgreich?**

Beide Seiten versuchen, sich in diesem an Ressourcen orientierten Gespräch auf eine kooperative Beziehung einzulassen. Um diese Beziehung zu ermöglichen, ist Ihre **innere Haltung** von entscheidender Bedeutung.

Empathie, also Einfühlungsvermögen, ist die Grundlage aller Gespräche. Nur dem empathischen Zuhörer gelingt es, sich überhaupt in die Lage des Gesprächspartners hineinzuversetzen und den Gesprächsgegenstand aus dessen Perspektive zu betrachten. **Empathie bedeutet aber nicht, dass Sie sich mit der Sichtweise, die in der Schilderung Ihres Gegenübers sichtbar wird, identifizieren.** Dies ist eine große Gefahr. Eltern von Kindern, die problematisches Verhalten zeigen, beschreiben ihre Situation mit dem Kind oft ausschließlich negativ. Ihre Erzählungen spiegeln Hilflosigkeit, Hoffnungslosigkeit, aber auch Wut und Ärger wider.

Wenn Sie diese Sichtweise übernehmen, vergeben Sie die Chance, Impulse für die Entwicklung eines neuen Blickwinkels zu geben. Überlegen Sie auch hier wieder gemeinsam: Wo gab es **positive Ausnahmen**? Was zeichnet diese Ausnahmen aus? Wie unterscheiden sie sich von den Situationen, die Sie als problematisch empfinden? Was tut der Erwachsene in der positiven Ausnahmesituation mit dem Kind?

Nach diesem Schema erarbeiten Sie gemeinsam mit den Eltern neue Handlungsmöglichkeiten. **Das gemeinsame Erarbeiten hat gegenüber gut gemeinten Ratschlägen von Ihrer Seite den Vorteil, dass die Verantwortung für das Gelingen auch geteilt wird und nicht einseitig auf Ihnen lastet.** Lehrer empfinden oft einen großen Druck, als pädagogische Fachkraft schließlich wissen zu müssen, wie man mit diesem oder jenem Problem umzugehen hat. Widerstehen Sie der Versuchung, diesem Druck nachzugeben und vorschnelle eigene Lösungsideen anzubieten. Versuchen Sie stattdessen eine Haltung des „Nicht-Wissens" [68] einzunehmen, in der Sie sich insbesondere dafür interessieren, welche Ideen Ihre Gesprächspartner haben und in der Sie auch nachfragen, wenn Ihnen etwas nicht klar ist.

Die praktische Arbeit mit Eltern von Kindern, die problematisches Verhalten zeigen, ist oft nicht einfach. Die Umsetzung der beschriebenen Anregungen kann helfen, sie effektiver zu gestalten. Dennoch kann diese kooperative Ebene nicht immer erreicht werden. Hier sind selbst der bemühtesten Lehrkraft Grenzen gesetzt. Es ist oft nicht einfach, diese Grenzen zu akzeptieren.

---

[68] *vgl. u.a. C. Hubig & P. Herrmann, 2000, S. 144*

Erkennen Sie die Grenzen pädagogischen Handelns

Es ist gut, wenn Sie versuchen, aktiv an die Bewältigung von Problemen mit herausfordernden Kindern heranzugehen und dabei bereit sind, auch einmal Wege zu beschreiten, die Kollegen eher argwöhnisch betrachten. Dazu gehört viel Mut. **Es ist jedoch genauso wichtig, anzuerkennen, dass die Möglichkeiten Ihres pädagogischen Handelns begrenzt sind.** Manchmal ist die Situation so komplex und problematisch, dass Sie sich damit begnügen müssen, den Schulalltag für sich und das Kind so erträglich wie möglich zu machen. Auch wenn dies bedeutet, dass Sie das Kind nicht so optimal fördern können, wie Sie es sich wünschen. **Grenzen zu erkennen, ist nicht gleichbedeutend mit Kapitulation.** Angesichts des pädagogischen Auftrages, der in Ihrem Beruf inbegriffen ist, wäre das gar nicht möglich.

Sich Grenzen bewusst zu werden, heißt vielmehr zu akzeptieren, dass es im Einzelfall notwendig sein kann, andere Ziele zu stecken und entsprechend andere Methoden einzusetzen. Dazu möchte ich noch einmal ein Beispiel aus der Praxis anführen, aber gleichzeitig daran erinnern, dass es für hilfreiches Handeln in der Beziehung mit herausfordernden Kindern keine Patentlösungen geben kann. Verallgemeinerungen von Erfahrungen, die in einem Einzelfall gesammelt wurden, sind also kritisch zu bewerten.

Die Situation:

Jens ist Schüler einer 3. Klasse. Seine **Klassenlehrerin** hielt Jens' Verhalten in der Klasse für sehr problematisch und vermutete, dass ein ADS „dahinter stecke". Auf Empfehlung der Klassenlehrerin ging die **Mutter** mit ihm zu einer **Ärztin**. Diese stellte nach einigen Tests die Diagnose ADS mit Hyperaktivität. Der Verdacht der Lehrerin hatte sich bestätigt.

Fortsetzung siehe Seite 110.

Fortsetzung von Seite 109.

Da Jens im Unterricht wenig leistete, legte sie nun großen Wert darauf, dass Jens seine Hausaufgaben regelmäßig und vollständig erledigte. Darin sah sie eine Chance, genügend Übungseffekte zu erzielen und Jens' Leistungen zu stabilisieren.

Die Lehrerin bat die Mutter, Jens bei den Hausaufgaben zu unterstützen. Um eine bestmögliche Zusammenarbeit mit der Mutter zu garantieren, rief sie diese regelmäßig an. Thema war meist Jens' problematisches Sozialverhalten, seine schwachen Leistungen und was dagegen zu tun sei.

Sie schlug z.B. vor, zu Hause mit einem Verstärkerplan zu arbeiten. Wie das funktioniert, hatte sie mehrfach mit Jens' Mutter besprochen und diese hatte auch zugestimmt. Dennoch gab es keine Verbesserung und die Lehrerin begann, sich über die mangelnde Kooperation der Mutter zu beklagen.

Die Lage spitzte sich immer weiter zu. Um einen Schulwechsel zu verhindern, wandte sich die Mutter an das Jugendamt und bat um Unterstützung in der Erziehung.

Eine **Sozialpädagogin** arbeitet nun seit ca. einem Jahr mit Jens und berät sowohl die Mutter als auch die Lehrerin. Ihr eröffnet sich eine neue Sicht auf die Problematik. Jens lebt mit seinen vier Geschwistern und seinen Eltern in einer Dreizimmerwohnung. Der Vater ist schon lange arbeitslos. Jens hat weder ein eigenes Zimmer noch einen eigenen Schreibtisch. Von seinen Geschwistern ist eines körperbehindert und ein weiteres erst wenige Monate alt. Die Mutter hat selbst keinen Schulabschluss und fühlt sich teilweise mit dem Schulstoff der 3. Klasse überfordert. Dies hatte sie sich der Lehrerin gegenüber nicht zu sagen getraut. Dass die Mutter also die Anregungen der Lehrerin nicht umsetzte, scheint vor diesem Hintergrund wenig erstaunlich.

⊗ Verstehender Halt

Kinder wie Jens benötigen in der Schule eine intensivere Form der Zuwendung als andere Kinder. Sie sollte von **liebevollem Verständnis** geprägt sein und ein **Höchstmaß an Halt** geben. Nicht viele Kinder kommen aus Familien, in denen sie so wenig haltende Zuwendung erfahren. Es ist also keineswegs so, dass alle Kinder in einer Klasse das gleiche Bedürfnis nach Zuwendung durch die Lehrerin oder den Lehrer haben. Natürlich wäre es unmöglich, zu jedem Kind der Klasse eine sehr intensive Beziehung aufzubauen. Dies ist jedoch nicht nötig, denn die Bedürfnisse nach Kontakt zum Lehrer oder zur Lehrerin variieren von Kind zu Kind erheblich. Darum ist es möglich und nötig, zu Kindern **in schwierigen Lebenssituationen eine nähere Beziehung** aufzubauen.

Viele Lehrkräfte befürchten dennoch, die anderen Kinder der Klasse zu sehr zu vernachlässigen, wenn sie zu einem eine engere Beziehung aufbauen. Das ist verständlich, denn diese Art des relativ intensiven Beziehungsaufbaus entspricht oft nicht der ihnen vertrauten Rolle als Lehrkraft – und muss es auch nicht in jedem Fall.

Dennoch kann eine vertraute Beziehung im Einzelfall positive Effekte für alle Seiten haben. **Kinder nehmen Grenzsetzungen von Lehrern, zu denen sie eine gute Beziehung haben in der Regel leichter an.** Es ist wahrscheinlich, dass sich die Zeit, die Sie dem Kind in persönlicher Zuwendung schenken, während der „Lernzeit" auszahlt, da Sie Probleme mit dem Kind besser und schneller lösen können. Die so gewonnene Zeit steht dann für andere Kinder oder für das Unterrichten zur Verfügung. Wer eine Klasse leitet, wird sich diese kleine Gemeinschaft also genau ansehen und überlegen, ob ein Kind besondere Unterstützung benötigt. Dabei sollte sich der Blick weniger auf die großen und kleinen Katastrophen richten, die Kinder erleben.

Viel wichtiger ist, zu beobachten, wie das einzelne Kind „seine" Katastrophen bewältigt. Beispielsweise muss die emotionale Belastung, die durch eine Trennung der Eltern entstanden ist, nicht zwangsläufig dazu führen, dass ein Kind im Unterricht auffällig wird und der besonderen Unterstützung einer Lehrkraft bedarf.

Meiner Erfahrung nach ist das sogar in der Regel nicht der Fall. Es gibt aber auch Kinder, bei denen ein guter Kontakt zu einem Lehrer oder einer Lehrerin einen Teil der auftretenden Belastung abfangen kann.

Gute Elternarbeit zeichnet sich bei Kindern in problematischen Lebenssituationen dadurch aus, dass eine Aufgabenverteilung vorgenommen wird, die keine Seite überfordert. Dazu müssen offene Gespräche über die Grenzen des Leistbaren möglich sein. Die Erfahrungen, die die Eltern während ihrer eigenen Schulzeit gemacht haben, spielen dabei oft eine wichtige Rolle. Ängste, die in eigenen schlechten Erfahrungen ihren Ursprung haben, werden oft auf die Kinder übertragen und beeinflussen auch die Kommunikation zwischen Lehrern und Eltern.

⊗ Mit Kindern sprechen

Möchten Sie mit einem Kind ein **persönliches Gespräch** führen, ist es wichtig, einige Dinge zu beachten:

Für das Kind besetzen Sie in erster Linie die Lehrer-Rolle. Dieser Rolle entspricht unter anderem, dass Sie zum Einsatz von Disziplinierungsmaßnahmen berechtigt sind. Gerade Kinder, die ADS-typische Verhaltensweisen zeigen, werden mit diesem disziplinierenden Anteil besonders häufig konfrontiert. Das sind denkbar schlechte Bedingungen für ein Gespräch, in dem Sie sich wünschen, dass das Kind sich öffnet.

Erklären Sie dem Kind darum, dass Sie jetzt **nicht in der Rolle des Lehrers** mit ihm sprechen wollen, sondern dass Sie mit ihm **als Berater** sprechen wollen, weil Sie sich Sorgen machen. Für das Kind ist dieser Rollenwechsel nicht immer ganz einfach nachzuvollziehen. Direkt im Anschluss an den Unterricht und im Klassenraum wird dem Kind der Wechsel besonders schwer fallen. Hingegen ist es sehr hilfreich, wenn für das Gespräch **ein besonderer Raum** zur Verfügung steht.

Vereinbaren Sie eine **Schweigepflicht** und erklären Sie dem Kind, was das bedeutet. **Akzeptieren Sie aber auch, wenn das Kind nicht mit Ihnen sprechen kann oder möchte.** Es wird seine Gründe haben.

Die geeignete Methode der Gesprächsführung ist abhängig vom Thema, das Sie mit dem Kind besprechen möchten. Möchten Sie mehr über seine Lebenssituation und die Probleme aus seiner Sicht erfahren, eignet sich die Methode des **aktiven Zuhörens**. Den Ausgangpunkt bilden so genannte „Türöffner", also offene Fragen, die Ermutigung zu erzählen bzw. tiefer zu gehen. **Beispiele dafür sind:**

⏀ *„Ich habe das Gefühl, dass du in letzter Zeit sehr viel Ärger hast. Möchtest du darüber sprechen?"*
⏀ *„Möchtest du mehr darüber erzählen?"*

Im weiteren Gesprächsverlauf melden Sie dem Kind zurück, wie Sie das von ihm Gesagte verstanden haben, um sich selbst und dem Kind zu vergewissern, dass Sie seine Aussage richtig verstanden haben. Das Kind wird Ihre Deutung dann bestätigen oder korrigieren. Während des gesamten Gespräches **halten Sie sich mit eigenen Lösungsvorschlägen und Bewertungen zurück**. Das aktive Zuhören ist eine Methode, die gut geeignet ist, um die Beziehung zwischen Lehrer und Schüler zu verbessern.[69] Um damit erfolgreich zu sein, bedarf es jedoch einer genaueren Kenntnis der Methode sowie einiger Übung.

Wollen Sie das Kind in Ihrem Gespräch jedoch damit konfrontieren, dass sein Verhalten für Sie nicht tragbar ist, ist Ihre Zielsetzung eine ganz andere. Sie wollen dann

---

[69] *vgl. insbesondere Thomas Gordon, 1989, Lehrer-Schüler-Konferenz*

Handlungsalternativen und Strategien für den Alltag

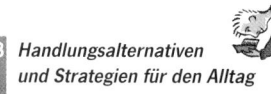

nicht mehr über die Probleme des Kindes erfahren, sondern bei ihm eine **Verhaltensänderung** bewirken. In diesem Fall kommen Sie mit aktivem Zuhören nicht weiter. Als besonders hilfreich hat sich hier der Einsatz von **Ich-Botschaften** erwiesen.[70] Dabei sagen Sie dem Kind zunächst, was genau Ihnen Probleme verursacht. Dann beschreiben Sie, welche konkreten Auswirkungen dieses Verhalten hat und was Sie dabei empfinden.

Ein Beispiel für eine Ich-Botschaft nach diesem Muster wäre:

*„Wenn nach der letzten Stunde Papierschnipsel auf dem Boden liegen (**problematische Situation**), muss ich eine Menge Zeit zum Aufräumen opfern oder ich bekomme Ärger mit dem Hausmeister (**Effekt**). Das macht mich richtig wütend (**Gefühl**)."* Nicht alle Ich-Botschaften müssen diese drei Teile in dieser Reihenfolge enthalten. Auch veränderte Formen sind Erfolg versprechender als so genannte Du-Botschaften.

Suchen Sie sich gegebenenfalls Hilfe von außen

Wie im Beispiel oben kann es notwendig sein, sich Hilfe oder Beratung von außen zu holen und gegebenenfalls weitere Entlastung einzufordern. **Lehrer sind keine Therapeuten und müssen dies auch nicht sein. Sich dessen bewusst zu werden, kann hilfreich und entlastend wirken.** Viele Lehrer empfinden, dass sie in eine missliche Position gedrängt werden, in der sie Probleme lösen sollen, die zu lösen sie nicht gelernt haben und deren Lösung auch nicht in ihrer Verantwortung liegt. **Es gehört jedoch zur Kompetenz von Lehrkräften, zu erkennen, wann therapeutische Beratung und Betreuung angemessen ist und zu wissen, wo diese gefunden werden kann.**

Hier gibt es verschiedene Anlaufstellen, die allerdings in den verschiedenen Regionen nicht einheitlich organisiert sind und darum hier nur sehr allgemein besprochen werden können.

---

[70] *vgl. insbesondere Thomas Gordon, 1989,*
Lehrer-Schüler-Konferenz

Lehrer – aber auch Eltern – können sich natürlich an den zuständigen schulpsycho-
logischen Dienst wenden. Struktur und Angebote der verschiedenen Dienste sind
sehr unterschiedlich. Eine **einzelfallbezogene Beratung** ist in der Regel möglich.
Diese kann im Rahmen von **Familien-, Lehrer-, Einzel- und Rundgesprächen,
Klassenbesuchen** oder **diagnostischen Untersuchungen** geschehen.

Eine längerfristige therapeutische Begleitung ist jedoch in der Regel nicht möglich.
Es muss außerdem mit relativ langen Wartezeiten gerechnet werden. Einige schul-
psychologische Dienste bieten sogar **Supervision** an. Um im Berufsalltag gemachte
Erfahrungen gerade im Kontakt mit Kindern, die als besonders problematisch erlebt
werden, zu reflektieren, ist die Teilnahme an einer Supervisionsgruppe sehr hilfreich.
Sie wird auch von privaten, meist psychologischen Praxen angeboten. Ziel der Supervision ist es, gemeinsam mit den Teilnehmern Lösungsstrategien für die Praxis zu
entwickeln. Es ist möglich, mit Kollegen von der gleichen Schule oder mit solchen
von anderen Schulen eine Supervisionsgruppe zu bilden. Beides hat Vor- und Nachteile. Wenn Sie in Betracht ziehen, an einer Supervision teilzunehmen oder eine neue
Gruppe anzuregen, können Sie sich überlegen, in welcher Gruppenzusammen-
stellung es Ihnen am leichtesten fallen wird,
Probleme anzusprechen.

Für Eltern gibt es immer die Möglichkeit,
sich an **Erziehungsberatungsstellen** zu
wenden. Es gibt auch private Praxen und
Institute, die kostenlose, aber dennoch qualifi-
zierte Erstberatungen für Eltern anbieten.
Um hier gute Adressen zu erfahren, hilft es
in erster Linie, ständig die Augen und Ohren offen zu halten und mit Kollegen oder
Eltern Erfahrungen auszutauschen.

*Handlungsalternativen
und Strategien für den Alltag*

----· Literatur zum Weiterlesen ------------

Umgang mit Verhaltensproblemen

Gordon, Tomas:
Lehrer-Schüler-Konferenz.
Sachbuch Nr. 24, München. Heyne, 1989

Krowatschek, D.; Krowatschek G.; Hengst U.:
Das ADS-Trainingsbuch.
Lichtenau-Scherzheim. AOL, 2002

Molnar, Alex; Lindquist, Barbara:
Verhaltensprobleme in der Schule –
Lösungsstrategien für die Praxis.
Dortmund. Verlag für modernes Lernen, [7]2002

Praktische Tipps für den Unterricht

Mendler, Allen N.:
Uninteressierte Schüler motivieren –
Wie geht das?
Mülheim. Verlag an der Ruhr, 2003

Abernathy, Rob; Reardon, Mark:
Interesse wach halten – So geht das!
Mülheim. Verlag an der Ruhr, 2003

Ryan, Peter:
Aufmerksamkeit trainieren – Wie geht das?
Mülheim. Verlag an der Ruhr, 2002

Hund, Wolfgang:
Es geht auch ohne Worte.
Signalkarten für den Unterricht.
Mülheim. Verlag an der Ruhr, 1999

Kritische Literatur zu ADS und der medikamentösen Behandlung

Amft, H.; Herspach, M.; Mattner, D.:
Kinder mit gestörter Aufmerksamkeit.
Stuttgart u.a.O. Kohlhammer, 2002

Breggin, Peter R.:
Talking back to Ritalin –
What doctors aren't telling you about
Stimulants and ADHD. Cambridge,
Massachusetts. Perseus, 2001

Diller, Lawrence H.:
Running on Ritalin.
New York u.a.O. Bantam, 1999

Diller, Lawrence H.:
Should I medicate my child.
New York. Basic Books, 2002; die deutsche
Übersetzung liegt mittlerweile vor. ADS und Co.
Braucht mein Kind Medikamente?, Düsseldorf
und Zürich. Walter-Verlag, 2003

Hüther, Gerald; Bonney Helmut:
Neues vom Zappelphilipp.
Düsseldorf, Zürich. Walter, 2002

Voß, Reinhard; Wirtz, Roswita:
Keine Pillen für den Zappelphilipp.
Reinbeck. Rowohlt Taschenbuch Verlag, 1990

DeGrandpre, Richard:
Die Ritalin-Gesellschaft.
Weinheim, Basel. Beltz-Verlag 2002

Surf-Tipps

Gibt man das Stichwort ADS oder ADHS als Suchbegriff ein, so werden unzählige Homepages vorgestellt. Die wenigsten jedoch setzen sich kritisch mit dem Thema auseinander, sondern stützen sich auf den Krankheitsbegriff.

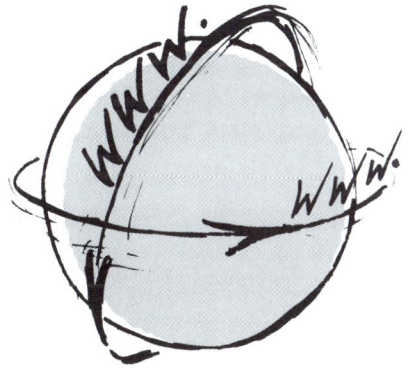

■ **www.ads-kritik.de**
Eine der wenigen ADS-kritischen Seiten im Netz.
Der Diplom-Psychologe und Familientherapeut Hans-Reinhard Schmidt bietet neben vielen kritischen Informationen und weiterführenden Links auch eine Chat-Möglichkeit an.

■ **www.lernfoerderung.de**
Uta Reimann-Höhn ist Dipl.-Pädagogin und leitet seit 1986 den Wiesbadener Verein „Arbeitsgruppe Päd. Lernförderung e.V.".
Auf dieser Homepage finden Sie jede Menge Informationen und Tipps bei Lernproblemen, wie z.B. Legasthenie, Dyskalkulie, Prüfungsangst oder eben ADS etc.
Es werden viele Materialien und aktuelle Literatur zum Thema vorgestellt. Hier finden Interessierte auch Therapieadressen.

■ **http://coforum.de/index.php4?ADHS**
Diese Seite des CoForum – ein offenes Forum zur Unterstützung alternativer Projekte zu zahlreichen Themen – steht der gängigen ADS-Theorie ebenfalls kritisch gegenüber.
Vor allem finden sich hier aber zahlreiche Links u.a. zu einem Hüther-Interview oder Informationen zum Thema ADS und Ritalin ®.

Amft, Hartmut:
Die ADS-Problematik aus der Perspektive
einer kritischen Medizin.
In: H. Amft, M. Herspach, D. Mattner:
Kinder mit gestörter Aufmerksamkeit.
Stuttgart u.a.O. Kohlhammer, 2002

Aust-Claus, Elisabeth:
Das ADS-Buch.
Ratingen. Oberstebrink Verlag, 1999

Armstrong, Thomas:
The myth of the A.D.D. child: 50 ways to
improve your Child's behavior and attention
span without drugs, labels or coercion.
New York, London u.a.O. Dutton, 1995

Bakley, Russell A.:
Attention deficit hyperactivity disorder:
a handbook for diagnosis and treatment.
New York. The guilford Press, 1990

Barkley, Russell A.:
Hyperaktive Kinder. In: Spektrum
der Wissenschaft, 3/1999, S. 30

Bettelheim, Bruno; Karlin Daniel:
Liebe als Therapie. München, Zürich.
Pieper & Co, ³ 1968

Blech, Jörg; Thimm, Katja:
Kinder mit Knacks.
In: Der Spiegel, 29/2002, S. 122–131

Breggin, Peter R.:
Talking back to Ritalin – What doctors
aren't telling you about Stimulants and
ADHD. Cambridge, Massachusetts.
Perseus, 2001

Breggin, Peter R.:
Giftige Psychiatrie, Teil 2.
Heidelberg. Char-Auer-Systeme, 1997

Conrad, Peter:
Die Entdeckung der Hyperkinese:
Anmerkungen zur Medizinisierung
abweichenden Verhaltens.
In: Pillen für den Störenfried? (Hrsg.: Voß,
Reinhard), Hamm, Hoheneck, München,
Basel. Ernst Reinhardt, 1983

Diamond, John & Mattsson, Ake:
Attention-Deficit/Hyperactivity Disorder.
In: Child and adolescent psychiatry
(Hrsg.: Pramelle, Dean X.). St. Louis.
Mosby-Year Book, 1996

Dietz, Felix:
Wenn ich doch nur aufmerksam sein könnte
– ein hyperaktiver Jugendlicher berichtet.
Frankfurt. Eigendruck der Elternselbsthilfe
„ADS/Hyperaktivität". Frankfurt/Main, 1999

Diller, Lawrence H.:
Running on Ritalin.
New York u.a.O. Bantam, 1999

Diller, Lawrence H.:
Should I medicate my child.
New York. Basic Books, 2002

Döpfner, Manfred:
Hyperkinetische Störungen.
In: Lehrbuch der Klinischen Kinderpsychologie
(Hrsg.: Petermann, Franz).
Göttingen, Bremen u.a.O. Hogrefe, 1995

Literaturverzeichnis

Eichlseder, Walter:
Unkonzentriert? Hilfen für hyperaktive Kinder und ihre Eltern.
Weinheim. Beltz, [5] 1998

Gadow, Kennet, D.:
Pediatric Psychopharmacotherapy: A Review of Recent Research.
In: Journal of Child Psychology and Psychiatry, 1/1992, S. 153

Gordon, Tomas:
Lehrer-Schüler-Konferenz.
Sachbuch Nr. 24, München. Heyne, 1989

Gründler, Elisabeth C.:
Eine Pille gegen die Überforderung.
In: Psychologie heute, 10/2002, S. 40/41

Hallowell, Edward M.; Ratey, John:
Zwanghaft zerstreut oder die Unfähigkeit, aufmerksam zu sein.
Hamburg. Rowohlt Taschenbuch, 1999

Hubig, Christa; Herrmann, Peter:
Lösungsorientierung: Ressourcevolle Strategien – Der systemische Lösungsansatz.
In: Verhaltensauffällige Kinder in Schule und Familie (Hrsg.: Reinhard Voß). Neuwied, Kriftel. Luchterhand, 2002

Hüther, Gerald; Bonney Helmut:
Neues vom Zappelphilipp.
Düsseldorf, Zürich. Walter, 2002

Hüther, Gerald:
Kritische Anmerkungen zu den bei ADHS-Kindern beobachteten neurobiologischen Veränderungen und den vermuteten Wirkungen von Psychostimulanzien (Ritalin).
In: Analytische Kinder- und Jugendlichen-Psychotherapie, 4/2001, S. 471–486

Kinze, Wolfram:
Zum Stand der Diskussion um die medikametöse Behandlung hyperkinetischer Kinder. In: Das hyperaktive Kind. Ursachenforschung – pädagogische Ansätze –didaktische Konzepte (Hrsg.: Czerwenka, Kurt). Weinheim, Basel. Beltz, 1994

Köhler, Henning:
„Schwierige" Kinder gibt es nicht.
Stuttgart. Verlag freies Geistesleben, [3] 1997

Krowatschek, Dieter:
Alles über ADS.
Düsseldorf, Zürich. Walter, [3] 2002

Krowatschek, D.; Krowatschek G.; Hengst U.:
Das ADS-Trainingsbuch.
Lichtenau-Scherzheim. AOL, 2002

Ludwig; Peter H.:
Ermutigung. Opladen. Leske + Budrich, 1999

Marcus, Alexander; Rothenberger Aribert:
Neurophysiologische Untersuchungen zu Hirnfunktion und Verhalten bei Kindern mit hyperkinetischem Syndrom. In: Das hyperaktive Kind. Ursachenforschung – pädagogische Ansätze – didaktische Konzepte (Hrsg.: Czerwenka, Kurt). Weinheim, Basel. Beltz, 1994

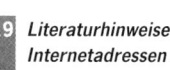

Minde, Klaus; Steinhausen, Hans-Christoph:
Die langfristige Entwicklung konzentrations-
gestörter und hyperaktiver Kinder.
In: Das konzentrationsgestörte und hyperaktive
Kind (Hrsg.: Steinhausen, Hans-Christoph).
Stuttgart. Kohlhammer, 1982

Molnar, Alex; Lindquist, Barbara:
Verhaltensprobleme in der Schule –
Lösungsstrategien für die Praxis.
Dortmund. Verlag für modernes Lernen, [7] 2002

Neuhaus, Cordula:
Was ist dran am sogenannten Zappel-
philipp?
In: Hyperaktive Kinder: psychomotorische
Therapie (Hrsg.: Passolt, Michael). München,
Basel. Ernst-Reinhardt-Verlag, [2] 1997

Neuhaus, Cordula:
Das hyperaktive Kind und seine Probleme.
Berlin. Urania-Ravensburger, [5] 1999

Perry, Bruce D, et al.:
Kindheitstrauma, Neurobiologie der
Anpassung und „gebrauchsabhängige"
Entwicklung des Gehirns: Wie „Zustände"
zu „Eigenschaften" werden.
In: Analytische Kinder- und Jugendlichen-
Psychotherapie, 3/1998, S. 277–307

Rapoport, Judith L. et al.:
Detroamphetamine: cognitive and
behavioral effect in normal and hyperactive
Boys and normal Men.
In: Archives of General Psychiatry,
37/1980, S. 933–943

Ryffel, Meinhard:
Wann und warum helfen Medikamente.
In: Unruhige, unkonzentrierte und auffällige
Kinder im Alltag – POS, ADS und HKS (Hrsg.:
Thierstein, Claudia). Bern u.a.O. Haupt, 1998

Sleator, Esther K., et al.:
How do Hyperactive Children feel
about taking Stimulants and will they
tell the Doctor?
In: Clinical Pediatrics, 8/1982, S. 474–479

Staatsinstitut für Schulpädagogik und
Bildungsforschung München:
Aufmerksamkeitsgestörte, hyperaktive
Kinder und Jugendliche im Unterricht.
Donauwörth. Auer, [4] 2001

Voß, Reinhard; Wirtz, Roswita:
Keine Pillen für den Zappelphilipp.
Reinbeck. Rowohlt Taschenbuch Verlag, 1990

Wollf, Karin; Goldacker, Sibylle:
Gemeinsame Erziehungsverantwortung
in Schule und Elternhaus stärken.
(Wiesbadener Erklärung), Dezember 2002,
http://lernen.bildung.hessen.de/erziehung/
allgemein/erziehungsverantwortung

Zametkin, Alan J. et al.:
Brain Metabolism in Teenagers With
Attention-Deficit Hyperactivity Disorder.
In: Archives of General Psychiatry, 5/1993,
S. 333

Verlag an der Ruhr
www.verlagruhr.de

Aufmerksamkeit trainieren
Wie geht das?
Peter Ryan
Kl. 5–10, 117 S., A5, Pb.
ISBN 3-86072-750-8
Best.-Nr. 2750
12,80 € (D)/13,15 € (A)/22,40 CHF

Interesse wach halten
So geht das!
Tipps und Tricks für gute Stunden
Rob Abernathy, Mark Reardon
Für alle Schulstufen,
116 S., A5, Pb.
ISBN 3-86072-778-8
Best.-Nr. 2778
9,80 € (D)/10,10 € (A)/17,30 CHF

Motivieren   Interessieren   Erklären

Uninteressierte Schüler motivieren
Wie geht das?
Allen N. Mendler
Für alle Schulstufen, 113 S., A5, Pb.
ISBN 3-86072-777-X
Best.-Nr. 2777
8,60 € (D)/8,85 € (A)/15,30 CHF

So erklär' ich das!
60 Methoden für produktive Arbeit in der Klasse
Kerstin Klein
Alle Altersstufen, 140 S., 16 x 23 cm, Pb.
ISBN 3-86072-733-8
Best.-Nr. 2733
12,80 € (D)/13,15 € (A)/22,40 CHF

Verlag an der Ruhr
Postfach 10 22 51 • D–45422 Mülheim an der Ruhr
Tel.: 0208/49 50 40 • Fax: 0208/49 50 495
E-Mail: info@verlagruhr.de

Bücher für die pädagogische Praxis

2821/08_03

Verlag an der Ruhr

www.verlagruhr.de

Das hast du gut gemacht!
Urkunden und Mutmacher für jede Gelegenheit
Kl. 1–5, 61 S., A4, Papph.
ISBN 3-86072-704-4
Best.-Nr. 2704
17,80 € **(D)**/18,30 € (A)/31,20 CHF

Es geht auch ohne Worte –
Signalkarten für den Unterricht
Wolfgang Hund
Kl. 1–4, 46 Karten (20 Karten A4, 26 Karten A5),
vierfarbig + Begleitheft A4, banderoliert
ISBN 3-86072-443-6
Best.-Nr. 2443
16,– € **(D)**/16,45 € (A)/28,– CHF

Fördern
Stärken
Entspannen

Jetzt versteh' ich das!
Bessere Lernerfolge durch Förderung der verschiedenen Lerntypen
Ellen Arnold
6–99 J., 79 S., A5, Pb.
ISBN 3-86072-587-4
Best.-Nr. 2587
8,60 € **(D)**/8,85 € (A)/15,30 CHF

Meditieren mit Kindern
Stilleübungen, Fantasiereisen, Musik-meditationen, Wahrnehmungsübungen
M. Schneider (Idee/Texte), R. Schneider (Musik/Dias),
D. Wolters (Illustr.)
6–12 J., Set in stabiler Pappbox, Anleitungsbuch
mit 88 S., zahlreiche Illustrationen, CD und 5 Dias
ISBN 3-86072-179-8
Best.-Nr. 2179
21,50 € **(D)**/22,10 € (A)/37,70 CHF

Verlag an der Ruhr | Bücher für die pädagogische Praxis
Postfach 10 22 51 • D–45422 Mülheim an der Ruhr
Tel.: 02 08/49 50 40 • Fax: 02 08/4 95 04 95
E-Mail: info@verlagruhr.de   2821/08_03